经管文库·管理类
前沿·学术·经典

面向资金约束的科技型中小企业
供应链融资理论与实证研究

Research on supply chain financing theory and
empirical research for technology-based small and
medium-sized enterprises facing capital constraints

王 波 著

经济管理出版社
ECONOMY & MANAGEMENT PUBLISHING HOUSE

图书在版编目（CIP）数据

面向资金约束的科技型中小企业供应链融资理论与实证研究/王波著 . —北京：经济管理出版社，2024.6（2025.3重印）.

ISBN 978-7-5096-9524-1

Ⅰ.①面…　Ⅱ.①王…　Ⅲ.①高技术企业—中小企业—供应链—融资模式—研究—中国　Ⅳ.①F279.244.4

中国国家版本馆 CIP 数据核字（2024）第 008183 号

组稿编辑：杨国强
责任编辑：杨国强
责任印制：许　艳
责任校对：张晓燕

出版发行：经济管理出版社
　　　　　（北京市海淀区北蜂窝 8 号中雅大厦 A 座 11 层　100038）
网　　　址：www. E-mp. com. cn
电　　　话：（010）51915602
印　　　刷：北京厚诚则铭印刷科技有限公司
经　　　销：新华书店
开　　　本：720mm×1000mm/16
印　　　张：12
字　　　数：222 千字
版　　　次：2024 年 6 月第 1 版　　2025 年 3 月第 2 次印刷
书　　　号：ISBN 978-7-5096-9524-1
定　　　价：98.00 元

前　言

　　科技型中小企业是我国国民经济发展的重要组成部分，是促进科技创新高质量发展的重要载体。长期以来，科技型中小企业融资约束普遍存在，如融资难、融资贵、融资渠道狭窄等现实问题，已经成为制约我国科技创新和科技型中小企业健康发展的主要因素。供应链融资作为一种新的创新融资方式，依托核心企业信用实现对科技型中小企业的融资支持。融合科技型中小企业的发展特征，对科技型中小企业的供应链融资模式、供应链金融与科技型中小企业融资约束和融资效率的作用关系以及影响机制进行研究，对进一步丰富和完善科技型中小企业的融资方式，纾解科技型中小企业融资问题，推进科技自主创新具有重要的理论意义和实践价值。

　　科技型中小企业融资问题历来是各国政府关注的问题，我国为支持科技创新和科技型中小企业发展做出了重要努力。然而，科技型中小企业发展需要持续不断的资金投入，而其普遍存在自有资金不足、经营规模小、缺少质押物以及研发不确定性风险高等问题。此外，现有的科技型中小企业融资服务体系以及融资模式，在缓解科技型中小企业融资约束、提升科技型中小企业融资效率过程中仍需要进一步创新和完善。因此，探索科技型中小企业的创新型融资方式具有现实必要性。

　　本书基于供应链融资视角，以科技型中小企业为研究对象，通过文献分析和实地调查研究，梳理我国科技型中小企业融资过程中存在的问题，兼顾区域科技型中小企业融资问题，建立科技型中小企业融资能力评价体系，从实际可操作层面，设计并构建政府财政资金引导下的科技型中小企业融资模式，并提出实施路径。同时，通过理论分析科技型中小企业融资约束并提出假设，实证检验科技型中小企业融资约束状况，证实了供应链金融能够缓解科技型中小企业面临的资金约束状况，提升科技型中小企业融资效率。本书对供应链金融影响科技型中小企业融资约束和效率的渠道和机制进行了进一步讨论，借鉴国内外关于科技型中小企业融资的经验和典型做法，提出缓解科技型中小企业融资约束的建议及对策，为丰富现有关于科技型中小企业融资的理论体系，纾解科技型中小企业融资约束问题提供参考借鉴。

本书出版得到教育部人文社科青年项目（17YJC630144）和北方民族大学商学院重点建设经费支持。本书在撰写中，2021 级研究生郭宏丹参与完成第 7 章内容的撰写，2022 级研究生刘宗耀参与完成第 6 章内容的撰写，研究生段朝宇、周玲燕、杜新迪以及石玉晴完成资料收集与相关基础性工作，在此一并表示感谢。

本书借鉴和吸收了众多专家学者的研究成果，参考和梳理了众多资料，在此表示衷心感谢。由于学术水平有限，书中难免存在疏漏和不当之处，敬请各位专家批评指正。

目　录

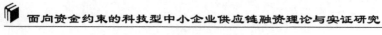

第1章 绪论

1.1 研究背景

1.1.1 科技型中小企业面临严重的融资约束

企业高速发展必然伴随着产能的扩大和技术更新，而劳动力成本、原材料价格变动会带来经营成本和融资需求增加。企业的投融资行为贯穿整个生产、研发和经营过程。然而，由于中小企业生产经营所需，现金流和资金缺口已成为约束企业发展的主要瓶颈之一。对于大部分存在融资约束的中小企业，特别是科技型中小企业而言，由于其商业信用等级较低，可抵押资产少，凭借自身的条件难以获得企业发展所需的资金，且企业自有资金不能满足企业研发创新所需，可能导致现金回流速度降低和资金链的断裂，进而导致研发创新停滞甚至破产。

科技型中小企业作为科技创新的重要载体，是推动国家科技进步与发展的重要引擎。而它们普遍具有高风险、高投入、轻资产的特征，且在不同生命周期阶段都存在对资金的需要。长期以来，科技型中小企业融资难、融资贵现象普遍存在。

一方面，融资渠道相对狭窄。从外源融资渠道分析，科技型中小企业具有投入高、风险高以及轻资产等特征，正规金融机构通过对其财务水平和信贷风险水平进行评估，从缩小风险敞口的角度考虑放贷的积极性并不高。且传统金融贷款服务中，商业银行基于信贷风险和收益的平衡，更倾向于支持大型国有企业，而收窄对中小企业融资信贷的供给，这迫使存在资金约束的中小企业考虑非正规金融机构融资途径，虽然融资成本相对较高，但因其具有较高的灵活性而在一定程度上受到中小企业的欢迎，然而其一般融资额度小，并不能从根本上解决企业的融资需求。对于内源融资渠道而言，企业的权益资本和债务融资作为企业的重要融资方式，具有直接性和灵活性，但对于供应链上的科技型中小企业而言，该融资方式虽然也会被使用，但受益的企业数量仍然较少，主要原因是我国资本市场和债券市场发展尚不完善，融资服务体系不健全，缺乏针对科技型中小企业专业的配套服务。同时，科技型中小企业具有较为清晰的生命周期特征，不同阶段对融资支持的需求存在较大差异，局限于企业本身经营规模、财务状况以及轻资产等特征，且科技创新产业链供应链不完善，从而导致处于供应链上的中小企业面临着严峻的融资约束。

另一方面，科技型中小企业融资体系尚不健全。国际经验表明，科技型中小企业发展需要较为完善的金融体系支持，我国科技金融及科技信贷虽取得了一定的成效，但依然无法满足科技型中小企业日益增长的融资需求。科技型中小企业资金约束的情形在各国都较为普遍，政府作为科技创新的主导者，财政资金支持在引导科技创新过程中发挥着重要作用，而政府财政资金的支持缺乏专业性。与此同时，科技型中小企业融资是多部门参与建设的过程，其融资支持和服务具有长期性及持续性。因此，完善科技型中小企业融资体系成为缓解科技型中小企业融资约束的重要途径。然而，科技型中小企业融资体系建设是多主体共同参与的机制，整体运行过程中存在效率较低且效果欠佳的双重现实约束，一定程度上制约着科技型中小企业融资效率。可以看出，企业融资需求与可获得资金数量间的不匹配，使得融资约束和融资难问题成为制约科技型中小企业生存发展的阻力，融资难和融资成本高是我国科技型中小企业融资过程中面临的突出问题。

1.1.2 供应链节点企业对资金流管理日益关注

技术进步和管理理念的不断完善，使得供应链管理在物流和信息流两个方面日臻完善，而对供应链资金流管理的关注较晚。近年来，随着供应链管理的发展和企业管理的实践，供应链上资金流的管理越来越受到关注，其核心实质为融资问题。研究证实，供应链上企业生产与销售并非与资金供给相互独立，企业的生产、研发创新和订货会受到资金不足的限制。科技型中小企业作为产业链、供应链的关键节点，是创新产业链和供应链发展的重要组成部分。与单独企业生产研发不同，供应链上的企业既存在共生关系也存在利益竞争关系，如供应链上的核心企业基于自身的优势和在供应链中的主导地位，通过挤压上下游中小企业而使其面临资金失衡，特别是处于上下游的企业自身存在资金缺乏时，资金约束带来的影响更加突出。这意味着在供应链资金流的管理过程中，既要考虑节点企业的融资问题，也要考虑企业间的协同以及供应链的协调问题，从而使得资金能够在节点企业间和供应链中高效、快速地流动，这使得供应链资金流管理逐渐成为实务界和学术界近年来关注的主要问题之一。

资金约束是科技型中小企业寻求融资支持的主要原因之一，资金不足问题的存在，使得供应链核心企业和中小企业无法正常开展生产活动，甚至出现供应中断和研发停滞的风险。为了保证供应链的稳定性，对资金流的管理成为供应链管理研究的关注点。供应链融资是将供应链核心企业和中小企业视为一个整体，根据企业间交易关系和行业特点，在实现风险监管和控制的前提下，依托核心企业较高的信用水平，通过对货权和现金流的控制为中小企业提供融资服务，并注重企业间贸易及信用关系的稳定性和真实可靠性，为中小企业提供新的融资渠道。从理论角度分析，与传统中小企业质押担保融资等方式不同，供应链融资是通过供应链上关联企业间的关系，提供申请授信的条件，满足供应链上资金约束企业的融资需求，其实质是以供应链上的核心企业资信能力，获取商业银行等资金提供方的授信，缓解供应链上企业因信用水平低、财务状况差、抵押担保物匮乏等原因而无法获得资金支持的一种融资模式。从实践角度分析，先后出现物资银行、物流银行等融资模式，而供应链融资以商业银行提供的供应链金融产品，以及基于核心企业与中小企业间交易信用的赊销和提前支付为主。然而，由于生产研发产出的特殊性，科技型中小企业研发创新主要表现为周期长、风险高等特点，产品以知识产权、专利等轻资产为主。关于科技型中小企业的供应链融资模式、流程以及风险控制等实际问题，逐渐引起学术界和实务界的关注。如何依托科技创新产业链供应链实现科技型中小企业创新型融资模式的设计，疏通整个链条的资金流动，缓解节点企业面临的资金约束，是科技型中小企业供应链资金流管理关注的主要实际问题。

1.1.3　宁夏科技型中小企业融资创新实践及现状

宁夏作为西部省份，是共建"一带一路"的重要节点省份，在国家战略布局和实施过程中发挥着重要作用。长期以来，宁夏回族自治区人民政府高度重视科技发展，研究经费支持同步增加，2021 年，宁夏全区研究与试验发展（R&D）经费支出 70.44 亿元，其中，基础研究经费支出 3.41 亿元，应用研究经费支出 6.51 亿元，试验发展经费支出 60.52 亿元，基础研究、应用研究和试验发展经费支出分别占全区研发经费支出的 4.9%、9.2% 和 85.9%①。科技创新是带动宁夏区域发展的重要支撑，是推动宁夏实施经济高质量发展的重要引擎，而科技型中小企业作为科技创新的实施者，融资约束是其发展的重要瓶颈之一。目前，宁夏在落实国家政策和促进科技金融创新方面进行了尝试。政策方面主要从科技型中小企业申报、入库和认定方面开展，确立扶持目标，同时制定《宁夏科技型中小微企业风险补偿专项资金管理办法》《宁夏科技创新与高层次人才创新创业担保基金管理办法》等支持政策，并给予专项资金进行扶持，取得了良好效果。2012~2017 年，宁夏科技金融专项已累计投入 6725 万元。2017 年，宁夏回族自治区科学技术厅通过首批专项扶持资金投入 1550 万元，对 99 家科技型中小微企业开展科技成果转化或产业化项目贷款的费用、利息进行补贴，撬动金融资本 12.2 亿元，很大程度上推动了宁夏科技型中小企业的发展和科技水平的提升②。

然而，宁夏科技型中小企业发展过程中仍然面临着诸多问题，如规模化科技企业数量少、研发和创新能力弱等问题。宏观层面，宁夏地处西部，科技投入相比中东部地区尚存在一定的差距，且宁夏科技创新优势和产业链尚未完全形成，缺乏一定的竞争优势；微观层面，企业研发投入和创新能力、科技人才培养以及科技金融支持等方面仍需进一步提高和完善。从融资角度，实地调查显示，资金仍是制约宁夏科技型中小企业发展的首要因素，融资依然是宁夏科技型中小企业发展面临的首要问题。同时，宁夏科技型中小企业面临着内源融资和外源融资困难的"双重困境"，表现为自有资金有限、商业银行融资难度大，股权融资门槛高以及担保融资困难等情形，政府资金支持额度和引导方式需要进一步优化。此外，随着区域产业链供应链创新的需求增加，科技型中小企业供应链融资已逐渐引起政府、企业和商业银行的关注。

---

① 数据来源：2021 年宁夏科技统计公报。
② 中华人民共和国科学技术部：宁夏下达 2017 年第一批科技金融专项补贴 支持科技型中小微企业发展，https://www.most.gov.cn/dfkj/nx/zxdt/201705/t20170526_133131.html.

1.2 研究目的及意义

本书重点通过理论分析，结合文献分析和实地调查研究梳理我国以及宁夏科技型中小企业融资现状，旨在揭示科技型中小企业融资存在的问题，建立科技型中小企业的融资能力评价体系，从供应链融资和政府财政资金引导的角度出发，探讨科技型中小企业的融资模式，实证检验供应链融资与科技型中小企业融资约束和融资效率的关系，揭示供应链金融影响科技型中小企业融资的机制和路径，为缓解科技型中小企业融资约束提供新的思路，从而提高科技型中小企业的区域科技创新水平和能力，增强区域产业链供应链韧性和稳定性。因此，本书具有一定的理论意义和实践价值。

1.2.1 理论意义

本书在理论上较为详细地阐述了科技型中小企业融资的相关概念以及供应链融资的概念及特征，明确研究涉及的边界和范畴；梳理科技型中小企业的相关理论，将科技型中小企业基本状况、行业属性以及研发创新等特征纳入融资能力评价体系中，从而建立具有针对性的融资能力评价指标体系，丰富了科技型中小企业融资评价的理论与方法。此外，基于科技型中小企业生命周期特征以及行业属性，结合实际调研分析供应链融资应用中存在的问题，在分析科技型中小企业供应链融资可行性和政府财政资金引导作用的基础上，尝试构建科技型中小企业供应链融资模式，并提出促进科技型中小企业供应链融资实施的路径。同时，基于供应链融资缓解中小企业融资约束和提升企业融资效率的角度，建立供应链融资与科技型中小企业融资理论分析框架，并建立计量模型进行实证分析，实证检验供应链金融与科技型中小企业融资约束和融资效率的作用关系，揭示供应链金融影响科技型中小企业融资约束和融资效率的机制和路径，从理论上进一步丰富和完善科技型中小企业融资的理论研究。最后，在对国内外有关科技型中小企业融资的政策和经验做法进行梳理的基础上，提出完善科技型中小企业融资的对策与建议，对完善科技型中小企业融资的理论研究具有重要的理论意义和价值。

1.2.2 实践价值

本书通过实地调查研究，较为全面地掌握我国科技型中小企业经营中融资渠道及方式、融资约束、融资体系等方面的实际状况以及存在的问题，为本书后续研究提供目标和方式，也为政府施策提供靶向目标及思路。本书所建立的科技型中小企业融资能力评价指标体系，能够较为准确地评价科技型中小企业的融资能力，弥补现实中商业银行对科技贷款的审核及风险评估中的不足，为商业银行进行科技贷款的授信提供较为可靠的参考。此外，本书研究过程中，针对现有供应链融资模式现实应用过程中存在的问题，将政府财政支持引导作为推动科技型中小企业供应链融资实施和应用的重要支撑，基于财政资金引导构建的科技型中小企业供应链融资模式，降低了供应链融资和供应链金融服务实施过程中面临的风险，激励核心企业和商业银行参与科技型中小企业供应链融资，从操作层面给予商业银行和科技型中小企业更为实际的融资方案，拓宽科技型中小企业融资渠道和方式，增加融资的可获得性。与此同时，通过理论分析和实证检验，揭示供应链金融对科技型中小企业融资约束和融资效率的影响，并对异质性以及机制路径做出检验，为缓解科技型中小企业融资约束、提升企业融资效率，提供政策实施建议以及参考。此外，结合国内外科技型中小企业融资实践经验，提出具有针对性的政策建议和实施路径，具有一定的实践意义和价值。

1.3 文献回顾

科技型企业在推动技术创新和成果转化方面具备天然优势，已成为推动社会和区域科技发展的重要承载力量（马卫民和张冉冉，2019）。科技型中小企业作为我国中小企业的重要组成部分，具有经营规模小、财务和管理制度不完善等特点，但同时还具有研发能力较强、产品产出附加值高、技术研发试制不确定等特点。企业不同发展阶段对资金的需求量也不同，资金已经成为制约中小企业发展的重要瓶颈，而融资服务能够为企业创造新的价值。科技型中小企业融资难现象普遍存在，而我国资本市场和信贷市场尚不健全，科技型中小企业的融资形势则更加严峻（郭娜，2013）。

1.3.1 企业融资约束的概念与测度方法

所谓融资约束指企业存在融资需求时，由于融资渠道限制和融资成本等原因，造成企业资金可获得性低。一般而言，企业融资分为外源性融资和内源性融资，企业融资约束假说指在不完美市场中，信息不对称、委托代理以及交易成本的存在，导致企业外源性融资受限、显著依赖内部融资的情形（Fazarri et al.，1988）。当企业面临资金约束时，融资成本以及投资机会的变化会影响企业价值的提升（李建伟，2021）。现实中，企业普遍面临资金约束，即企业因外部融资成本高于内部融资成本导致企业无法获得足够资金，融资需求无法得到满足。企业外部融资和内部融资成本差异越大，企业面临的资金约束程度越高（Kaplan & Zingales，1997）。也有学者认为，融资约束是企业投资过程中存在的资金阻力和障碍，具体表现为信用和信贷能力不足，难以获得商业银行贷款（Lamont et al.，2001）。

关于企业融资约束测度存在多种方法，但尚未形成统一的结论和标准（陈言、郭琪，2019）。目前，关于企业融资约束测度的方法主要有模型分析法、指数法以及单变量法（陈悦，2023）。早在 1988 年国外学者就融资约束的相关问题进行研究，最开始使用投资－现金流敏感性模型（FHP 模型）进行融资约束的度量，认为企业投资－现金流敏感性越强，企业融资约束程度越大（Fazarri et al.，1988），因为当企业面临融资约束时会选择持有大量的现金，因此敏感性系数估值越高，企业面临的约束程度越高，但该模型未提供明确的度量指标，只能对企业群组面临的资金约束进行度量，无法测度单个企业。之后，许多学者对该模型进行了验证，但结论并不一致，如李金等（2007）对 A 股上市公司的投资－现金流敏感性进行实证发现，投资－现金流敏感性不能反映公司的融资约束程度。而吴娜等（2014）以房地产上市企业为样本，运用投资－现金流敏感性进行融资约束的测度，得出现金流敏感度和融资约束呈正相关。也有学者指出，该模型存在一定的局限性，主要是由于投资作为一个实际变量，容易受到内部现金流投资机会的影响，并不能真实地反映融资约束，而现金持有量的变化能够更加准确地衡量企业面临的资金约束。后续学者对该模型进行了修正，提出现金－现金流敏感性模型用于检验融资约束（Almeida et al.，2004），该模型认为，若企业存在的融资约束程度越高，现金持有量越多，当企业面临资金约束时，企业从现金流中提取的用于投资的现金流量越大，但该模型依然无法单独计量单个企业融资约束的程度。值得注意的是，企业现金持有量受多种因素的影响且存在内生性特征，融资约束会导致企业持有更多的现金，反过来，企业持有的现金量越多，面临的资金约束程度越低，类似的因素同样可能导致该模型计量的准确性降低（杨芳，2016）。国内方面，关于现金－现金流敏感模型进行了相关研究，相关学者也对企业融资约束进行了检验，但结论并不一致，如章晓霞、吴冲锋（2006）在研究我国上市企业现金持有策略时，采用现金－现金流敏感模型作为测度方法，结果发现，存在资金约束和不存在资金约束的企业现金流持有策略并未存在明显变化。而李金等（2007）关注国内 A 股市场上市企业融资约束问题，采用现金－现金流敏感性模型测度后发现，存在资金约束的企业对现金流正向敏感，不存在融资约束的企业对现金流不敏感，证实了融资约束与现金流敏感度呈正向变动。

指数方法也是度量融资约束的常用方法。由于质疑现金－现金流敏感模型的准确性，Kaplan 和 Zingales（1997）根据 49 家融资约束公司样本数据，按照定性和定量信息对照融资约束程度进行分组，利用企业持有的现金、股利以及资产负债率和托宾 Q 值等变量，运用 Logit 回归方法拟合成综合指数，简称 KZ 指数，该指数越大，代表企业受到的融资约束程度越高。之后，学者采用该项指数对融资约束进行了相关研究。范亚辰等（2018）运用 KZ 指数度量融资约束，实证检验了融资约束和融资政策对小额贷款公司双重绩效的影响。刘喜华等（2022）基于企业融资约束视角，研究劳动力成本上升对企业智能化发展的影响，指出融资约束会降低劳动力成本对企业智能化发展的促进作用。但该项指数在测度企业融资约束时同样存在与实际不符的情形。为此，Whited 和 Wu（2006）考虑企业外部行业特征，将融资约束理解为新增资本影子价格，从分析融资约束与股票收益关系入手，采用 1975～2001 年非金融企业季度数据，建立结构模型，采用非线性 GMM 方法建立 WW 指数测度企业融资约束。该指数不包括存在争议的托宾 Q 值，且各个变量量级相似，但指数依然会存在内生性问题，如按照 WW 指数的解释，现金流量的增加意味着企业融资约束程度变小，但现金流量的增加也可能是企业为了应对未来投资或者风险而做出的现金保留，并非一定存在资金约束。为了避免 WW 指数度量企业资金约束时存在的内生性缺陷，Hadlock 和 Pierce（2010）基于 365 家企业的融资约束定性信息，通过有序 Logit 回归模型构建包括企业资产和年限两个外生变量在内的 SA 指数，用于测度企业资金面临的资金约束程度，即 SA 指数绝对值越大，表明企业所受资金约束程度越高。该模型一定程度上克服了 KZ 指数和 WW 指数的内生性问题，在度量融资约束时更加稳定，也得到了广泛的应用。由于 SA 指数使用较为简便，国内学者结合我国实际情形，进行了应用性研究。吴秋生、黄贤环（2017）运用 SA 指数测度我国上市公司融资约束水平，选择 2009~2015 年财务公司的数据，实证检验财务公司对上市公司融资约束的影响。黄文娣、李远（2022）在探讨政府补贴和企业技术创新时，采用 SA 指数度量企业的融资约束状况，指出企业融资约束对企业技术创新有负向影响，且存在单门槛效应。此外，Catharina 等（2019）构建 FCP 指数，依据流动性事件的发生和非弹性资本供应的发生率衡量企业面临的资金约束。

除了模型和指数方法，有学者采用单指标变量测度企业的融资约束状况。该方法主要基于 FHP 模型，主要是选择与企业融资约束关系较为密切的财务指标进行变量替代。该类替代变量包括企业规模（Athey & Laumas，1994）、股利支付率（Fazzari & Petersen，1993）、债权等级（Gilchrist & Himmelberg，1995）、企业产权性质以及信用水平等。例如，Athey 和 Laumas（1994）以及赵剑锋等（2006）研究认为，企业规模越大，融资约束程度越低。Fazzari 等（1988）认为，企业融资约束与股利支付率高度相关，并指出不愿意将股利分配给股东的企业，更可能面临较大的融资约束。考虑到我国市场化程度和政府干预的存在，相比国有企业和大型企业，民营中小企业融资过程中，存在明显的劣势，因此，部分学者才用产权性质量化融资约束（王彦超，2009）。施燕平等（2015）认为，企业信用评级可以反映现金持有量，而现金持有量与企业的融资约束高度相关。此外，于洪霞等（2011）采用应收账款相对比率衡量企业融资约束状况，研究融资约束对企业出口行为的影响。李志远、余淼杰（2013）采用利息支出测度企业信贷约束，研究企业信贷约束如何同生产率共同影响企业出口。陈舜（2020）选择流动比率测度企业融资约束，发现融资约束对企业就业的负效应存在明显的行业异质性。显然，单一指标度量融资约束时，并未形成统一化的标准，存在一定的局限性。

1.3.2 科技型中小企业融资约束的成因与对策

1.3.2.1 科技型中小企业融资约束成因

科技型中小企业面临着严重的融资问题，主要表现为融资约束，且已经成为阻碍企业高质量发展的重要因素和社会普遍关注的焦点问题（朱仁友、邢相江，

2021）。科技型中小企业的经营活动具有高回报、高收益、高投入的特性，从而导致短时间内资金需求量较大，由于技术门槛较高导致商业银行贷款支持甄别成本较高及信贷风险较高，商业银行对科技型中小企业融资积极性不高，由此产生的融资难已成为科技型中小企业融资约束的主要原因之一。相关统计数据显示，90%以上的科技型中小企业很难从初创期过渡到成长期和成熟期。研究指出，造成科技型中小企业融资难的一部分原因是商业银行服务和产品匮乏，另一部分原因是企业自身的信用问题所导致的（David Irwin，2010）。因此，关于科技型中小企业融资约束的成因可从外部和内部予以剖析。

一方面，学者研究指出，金融环境、信息不对称、政策支持以及融资体系建设等外部环境是导致科技型中小企业融资难的原因。外部环境不仅影响科技型中小企业经营发展，而且会影响到企业外部融资。研究证实，科技型中小企业融资不仅受到正式金融环境的影响，而且受到类似社会信用等非正式金融环境的影响，因为较高的社会信用水平能够降低信息不对称程度，有利于融资活动的开展（罗正英、周中胜，2010）。此外，宏观经济环境、法律及信用环境也影响科技型中小企业的融资环境，从而间接影响到金融机构与企业间的关系（Berger & Udell，1998）。此外，金融市场与资本市场发展越不完善，企业面临的融资困难程度越高。实证研究发现，商业银行出于自身信贷收益和风险的考虑，更加倾向于具有长期稳定合作关系的企业，而对于类似高风险、信息披露不完善的科技型中小企业，相比经营稳定的大企业来说，更加难以获得银行等金融机构的青睐（Emmanuel，2015），特别是由于信息不对称性的存在，使得投资者较少关注科技型中小企业（Leligou et al.，2017），研究进一步证实企业财务信息披露水平越高，融资成本和代理成本越低。此外，研究指出，我国企业超过50%的资金来自内源性融资，且表现出融资成本高和方式渠道单一的现实问题（万红波等，2020）。我国资本市场发展水平和宏观融资环境也是造成科技型中小企业融资难的主要外部原因之一（杨德勇等，2020）。科技型中小企业融资面临的困境主要表现为内部融资渠道狭窄、外部金融支持体系不健全且相关政策扶持有待完善（张萌萌等，2020）。同时，研究证实，金融市场和体系不健全、融资渠道单一以及宏观金融环境也是造成科技型中小企业融资难的重要原因（谭之博、赵岳，2012）。

另一方面，科技型中小企业因其内部财务制度不完善、轻资产以及信息披露不完善等原因（陈艳、杨鹏程，2015），导致很难获得商业银行等金融机构的贷款支持（聂丽萍，2015）。实际中，信息的高度不对称和较大的风险敞口，使得金融中介会选择"慎贷、惜贷"。研究认为，科技型中小企业管理不规范，企业与投资者之间的信息不对称性使得科技型中小企业难以获得风险投资和金融机构的支持。同时，较高的融资成本使得科技型中小企业面临资金可获得性和融资成本的双重约束。此外，科技型中小企业自身财务制度不健全、经营透明度低以及可质押物不足，无法满足金融中介资金支持的条件，难以获得资金支持（林毅夫、李永军，2001）。研究指出，造成科技型中小企业融资困难的原因除融资产品匮乏外，很大程度上是自身存在的诚信问题（David Irwin，2010），而多数银行更倾向于对长期合作或者经营稳定的中小企业提供信贷支持（Emmanuel，2015）。与此同时，科技型中小企业是以科技创新投入实现产品产出，轻资产的特征很难通过实物等资产质押获得融资，而知识产权、专利和软件著作权等主要产出更新速度快、价值波动大（李林启、霍舒琪，2019），无法实现有效转换，仅凭初始自有资金难以维系正常经营。此外，从初创阶段到发展阶段，甚至到成熟期，规范财务管理很难成为科技型中小企业发展的首要关注点，从而加剧了资金供给过程中评估的难度。同时，科技型中小企业创立初期和成长期内，对资金需求迫切，资金重点用于研发创新，而对企业内部管理制度和权责的划分管理不够明确，财务质量较低（万红波等，2020），这进一步限制了科技型中小企业的贷款，从而导致融资难度的增加。由于融资过程中存在明显的信息不对称性，其资金大部分来自企业自身留存收益，且很难得到外部信贷支持和风险投资的关注，表现为融资方式和渠道单一（王雪荣、侯新，2018）。由于科技型中小企业具有较高的技术壁垒，金融机构对科技型中小企业研发产出和技术水平认知不够，无法按照实物资产的方式进行评估。考虑到知识产权、专利等核心技术的泄露，科技型中小企业研发以及技术等信息不愿向金融机构进行全面披露，从而加剧了金融机构与企业间信息不对称程度和科技型中小企业外源性融资困难（赵武阳、陈超，2011）。

1.3.2.2　科技型中小企业融资约束的对策

对比分析科技型中小企业融资约束产生的原因，现有研究从融资政策环境及体系建设等方面提出了相应的对策和解决方案。

政府财政和政策支持方面，研究表明，政府补贴能够为企业提供适当的研发补助资金，增加企业的研发资金额度，进而推动研发创新活动的开展（Hamberg，1966）。还可以通过直接补贴方式支持科技创新和科技型中小企业发展，在提供资金支持的同时，向外界传递积极信号，改善企业融资环境，提高企业资金的可获得性（刘轩阳，2022）。此外，与政府直接性财政补贴不同，政府风险补偿是政府支持科技型中小企业的重要手段，通过风险补偿撬动社会资本和商业银行信贷支持，政府牵头建立信用担保体系和风险投资基金，增加企业资金可获得性（杜琰琰、束兰根，2015）。

融资服务体系方面，研究认为专业化和规模化的金融体系，能够使银行以较低的成本获取企业的相关信息，提高融资借贷双方的匹配效率（魏玮、毕超，2011）。针对科技型中小企业融资约束，应从财政和金融等多方面，建立多层次的融资服务市场和风险投资体系，并优化发展风险投资的政策法律环境（花爱梅，2010）。通过提高贴息补助、风险补偿以及设立发展基金等方式加大科技投入，增设专门的科技金融机构支持科技型中小企业融资（李巧莎、吴宇，2018）。

同时，为了提供专业化金融服务，应通过发展专业化科技银行支持科技创新，补充科技信贷资源，研究认为科技银行能够专注科技型中小企业和高科技产业金融服务，且政府可以依托科技银行等科技金融主体，满足科技型企业融资需求（徐冠华，2006；孙德升等，2017）。此外，应完善科技型中小企业融资担保和知识产权质押融资服务体系，充分发挥政府财政及政策支持引导作用，推进科技型中小企业股权债权市场的完善，健全企业融资的外部环境和融资服务体系（张超和施洁，2021；李薇和张伟斌，2012）。

从资金需求主体角度，科技型中小企业自身规范化经营是缓解融资约束和提升企业融资可获得性的根本。科技型中小企业融资能力的提升需要企业完善自身经营和财务的规范性，企业管理者若掌握充分的财务金融知识，有助于提升中小企业财务决策的质量和效率，从而帮助企业克服获取商业银行支持中所面临的限制（Nguyen，2017）。

1.3.3 科技型中小企业融资的影响因素

科技型中小企业融资能力决定着其获得研发创新资金的水平。关于科技型中小企业融资影响因素的研究，学术界主要围绕企业的外部环境、政府支持以及自身情况展开（Djuricin et al.，2012）。周宗安、张秀锋（2006）认为，金融机构与中小企业发展间的不匹配是造成中小企业融资难的主要因素之一。然而，我国是以商业银行为主建立的金融体系，难以完全满足科技型中小企业融资需求。中小企业融资会受到宏观经济政策的影响，特别是信息不透明情形下更容易受到制度不完善的影响，也即合理的制度能够有效降低银行与企业间的不对称性，反之，会加剧信息的不对称程度（Claessens S，2006）。同时，学者在研究企业融资影响时发现，信贷政策、产业政策以及宏观经济形势是影响企业的主要因素（周月书、杨军，2009）。国外理论和实证研究表明，金融市场结构、融资环境的改善以及金融机构间的竞争是影响中小企业融资可获得性的主要因素（Berger & Udell，2006）。此外，政府财政支持和引导是影响企业融资约束的重要因素，研究发现，在非健全竞争和制度环境中，政府直接支持中小企业能够有效缓解企业资金约束（Berg & Fuchs，2013），政府提供研究经费支持对科技型中小企业融资能力具有明显的正向作用，能够有效缓解科技型中小企业融资约束，政府应通过合理分配市场资源，引导金融机构向企业发放信用贷款（Cencen A et al.，2018）。解决科技型中小企业的关键是建立一套完善的创新投资和资本市场支持体系，加强金融机构对企业经营状况的了解（马凌远，2019），有利于以较低的成本获取科技型中小企业的贷款信息，降低融资成本，提高效率（李全等，2014）。此外，政府政策扶持对科技型中小企业融资可获得性产生较大影响（吕劲松，2015），合理的政策制定能够有效缓解企业面临的融资约束，政府财政政策和资金能够引导第三方金融保险等机构积极参与科技型中小企业融资，完善科技型中小企业融资政策制度安排（朱天一、徐天舒，2021），政府应给予科技型中小企业足够的政策和财政资金支持，促进科技型中小企业发展。

除企业所处的外部环境以及政府财政支持外，中小企业自身经营管理的规范性是影响企业发展的首要因素，且融资难是制约其发展的主要原因（朱燕萍、陈德昌，2004）。科技型中小企业规模、经营年限、财务状况以及政策法规是商业银行授信的重要影响因素，且企业复杂性越低，资金供需双方的信息不对称程度越低，科技型中小企业越容易获得外部融资（Tech，2018）。众所周知，中小企业具有经营风险大、可质押物贷款额度小等特征，且因经营管理不规范、无法提供全面准确的财务信息、缺乏企业内控管理等原因，无法获得足够的资金（徐菱芳、陈国宏，2012）。从经营规模和成立年限分析，企业规模越大、成立时间越长，越容易获得融资支持。企业规模大小和其面临的融资约束成反比（Beck，Demirgüç-Kunt et al.，2006），相比规模小的企业，规模大的企业更容易获得资金支持，商业银行等金融机构更倾向于向大规模企业提供融资，究其原因是由于大企业经营过程中已经与金融机构建立长期稳定的信贷关系，且能够提供的信息更为全面和透明，商业银行贷款评估审核成本相对较低（Dietrich，2012）。即中小企业主动公开财务信息能降低外界贷款信息甄别成本，提高融资的可获得性。有研究指出，科技型中小企业具有高风险等特征，破产可能性较高，由于收益稳定、风险小，金融机构更倾向于向大型企业贷款。科技型中小企业规模小且贷款额度较低，商业银行向其授信的边际收益甚至小于其成本，一定程度上抑制了商业银行等金融机构对其的信贷支持（Latimer Asch，2000）。从科技型中小企业生命周期分析，融资成长周期理论认为，企业融资与企业所处的发展阶段密切相关，处于初创期的科技型中小企业，由于规模小几乎无资产进行质押和担保，资金主要源于自有资金或者孵化资金，而随着企业的不断发展，以商业银行为主的金融中介逐步介入科技型中小企业融资服务中，且随着企业进入成熟期，股权和债权融资成为科技型企业的主要融资方式，融资渠道进一步拓宽，这符合企业融资优序理论，即企业会基于自身经营状况和融资成本的考虑，优先选择内部融资然后是外源性融资，且在各类融资方式选择过程中，这一现象广泛存在于各个国家。为实现利润最大化，企业具有自身融资偏好，最大限度缓解面临的资金约束（晏露蓉等，2007）。科技型中小企业成长性、企业基本状况以及无形资产等因素，同样能够影响企业融资能力和水平（梁静，2016；蒋武林，2019）。

1.3.4 科技型中小企业供应链融资

供应链金融，亦称作供应链融资[①]，是对一个产业供应链中的企业提供全面的金融服务，通过金融资本和实业经济的协作，实现商业银行、企业以及供应链企业三方的共同发展（闫俊宏、许祥秦，2007）。广义供应链金融指对其资源的整合，即由供应链中特定的金融组织者为供应链资金流提供一整套解决方案（胡跃飞、黄少卿，2009）。虽然供应链金融近些年才引起关注，但早在1916年《美国仓库储存法案》（U.S. Warehousing Act）的颁布实施，标志着仓单质押融资的规范化运作，也是最早涉及供应链金融的相关法规。早期供应链金融源于贸易性融资，而20世纪40年代以票据贴现业务为主的应收账款融资并不具有供应链特征（Saulnier & Jacoby，1943）。之后学者对以存货质押为主的物流金融进行研究和探讨（Wessman，1990）。Hartley（1998）提出了预付账款融资模式和供应链

---

① 现有关于供应链金融和供应链融资的概念尚未做出明确区分，书中涉及供应链融资的概念包含银行角度供应链金融概念，并将企业间的交易信用纳入供应链融资概念和范围之中，全书不再单独区分两者的概念。

融资系统的设计理念。此外，学者对保理和反向保理在中小企业融资中的作用进行了分析（Klapper，2006；Mapper，2004）。Stemmler 和 Seuring（2003）指出，物流过程中的资金流管理可以通过优化存货管理流程以及控制物流资金实现。我国学者早期对供应链金融展开过相应的研究，主要遵循从物资银行到物流金融再到供应链金融的研究脉络。如任文超（1998）最早提出物资银行的概念，将动产质押引入银行的担保融资服务中，丰富了商业银行的融资服务。之后，围绕物流金融的概念，罗齐、朱道立（2002）提出"融通仓"的概念，创新性地将仓储保管和价值评估，引入商业银行与中小企业融资过程中，拓宽实物资产质押的融资渠道，缓解了中小企业面临的资金约束。冯耕中（2007）进一步明确了仓单质押和存货质押的基本模式，更加深入地阐释了物流金融发展的概念和内涵。李毅学等（2007）对比分析国内外物流金融的相关研究，并结合实际案例进行了分析。杨绍辉（2005）从商业银行的业务模式角度，对应收账款融资和存货融资的流程和步骤进行了分析。

现代意义上的供应链金融发端于 20 世纪 80 年代，企业跨国经营对成本的控制，使得供应链上的资金流管理越来越受到重视。企业全球化经营下的外包和外采可以有效降低生产经营成本，但也可能损害整个供应链经营效率，因为外在经营固定设备投资、物流运输成本以及汇率波动等因素都会给供应链财务现金流管理带来影响。实践中，供应链核心企业为优化财务现金流量，会选择延迟向上游供应商支付货款，同时要求下游零售商提前支付采购资金，在很大程度上形成对上下游中小企业的资金挤占，加剧非核心企业资金约束的程度，且影响整个供应链正常运营，不利于核心企业和中小企业间的有效合作。这也使得财务供应链管理（FSCM）的研究逐渐得到关注，通过对供应链中涉及企业的现金流以及融资统一进行安排，既关注节点企业的现金流，又重视供应链整体财务成本的最小化（供应链金融课题组，2009）。由于财务供应链是基于核心企业和商业银行的战略合作，直接面向供应链成员，而获益的是核心企业本身。为了缓解供应链上下游节点企业的资金流问题，Berger 和 Udell（2006）提出了解决中小企业融资问题的供应链金融设想及框架。从广义上讲，供应链金融指由供应链上特定的组织者或者领导者通过供应链金融资源整合，为上下游企业提供一整套融资解决方案。从狭义上看，供应链金融指围绕供应链上的核心企业，基于核心企业与中小企业长期的贸易和交易关系，为供应链中的单个企业或上下游多个企业提供融资、结算和保险等相关业务在内的综合金融服务（辛玉红，李小莉，2013）。Hofmann

（2005）认为，供应链金融是供应链上两个或多个组织或者主体对资金进行统筹安排，是供应链上企业之间物流、管理、战略合作和金融活动之间的交叉与整合。Camerinelli（2009）认为，供应链金融是金融机构为促进对供应链的产品流和信息流的管理而提供专门化和针对性的产品及服务。Chen 和 Hu（2011）认为，供应链金融是商业银行与资金约束企业之间的桥梁，能够降低资金流动中供需失衡的风险，为资金约束的供应链创造价值，是一种创新的金融解决方案。

供应链金融作为一种新的金融创新模式，能够缓解中小企业融资约束，其实质是依托企业所属的供应链和核心企业的高信用水平，将供应链上的企业进行"信用捆绑"而向金融中介申请授信，获得生产、采购和销售过程中的资金，其能通过降低银企间的信息不对称程度，实现降低信贷风险的目的（郭文伟，2013）。与传统借贷关注点不同，供应链融资强调供应链上企业间交易信用和企业自身的自偿性。已有研究表明，供应链融资能够缓解中小企业融资约束，提升企业融资和经营绩效（Hofmann & Kotzab，2010；宋华、卢强，2017）。从中小企业现金流缺口分析，融资需求主要发生在采购、生产库存以及销售回款阶段（郭清马，2010），其中，采购阶段，下游企业向上游核心企业支付采购预付款，在核心企业回购的前提下，将原材料和产成品存入银行指定仓库进行质押，银行通过控制下游中小企业的提货权实现资金回笼，即"保兑仓"模式。在生产库存阶段，在支付现金至卖出存货阶段，企业将银行认可的动产，如原材料、半成品、产成品以及未出售的商品等，质押到商业银行指定的第三方物流仓储企业，由其提供质押物的保管、价值和风险评估以及出入库监管等服务，中小企业通过销售实现分阶段偿还银行贷款，即"融通仓"模式。在企业商品销售期，上游中小企业将核心企业的应收账款凭证质押至银行获得贷款，即"应收账款"模式，与之对应，当中小企业获得下游核心企业的采购订单时，可以通过订单向商业银行申请授信。从广义上理解，供应链融资还包含供应链上核心企业与上下游中小企业的信用融资，表现为核心企业向下游中小企业提供的延期支付，以及向上游企业的提前支付行为（王波等，2016）。

随着供应链金融概念的逐渐清晰，学术界逐渐从对供应链融资模式的研究，转向对供应链金融影响中小企业融资约束以及经济后果的关注。

一方面，供应链金融作为短期融资工具，主要服务于中小企业融资需求，因此关于供应链金融经济后果的研究主要聚焦于缓解中小企业融资约束以及机制。供应链金融能够充分盘活企业存货实现质押融资，从而减轻企业面临的现金流压力，实现企业现金流和存货之间的平衡关系，从而将企业生产经营和融资活动进行有机结合（Michael，2007）。刘可、缪宏伟（2013）采用投资–现金流敏感性模型度量我国制造业中小企业融资约束，实证检验企业存在资金约束的同时，论证供应链金融能够缓解中小企业面临的资金约束。薛文广、张英明（2015）以2005~2014 年我国中小板上市企业为样本，同样采用 FHP 模型测度企业融资约束，实证得出供应链金融的发展能够缓解中小企业融资约束。李宝宝等（2016）以现金–现金流敏感性模型测度中小企业资金约束，选取制造业中小板上市公司数据进行实证研究，发现供应链金融能够缓解该类中小企业资金约束，且外部金融发展水平越高，供应链金融缓解企业融资约束的作用越明显。韩民、高戍煦（2017）基于现金–现金流敏感性拓展模型，对比分析供应链金融缓解非产融企业和产融企业融资约束中的作用，发现供应链金融能够缓解企业面临的资金约束，且对产融企业融资约束的缓解作用更显著。周卉等（2017）探讨供应链金融与企业融资约束的影响关系和调节效应时发现，供应链金融能显著降低现金–现金流敏感度，降低企业融资约束程度。王立清、胡滢（2018）结合上市企业样本数据证实，供应链金融能够缓解企业融资约束，且产融结合与战略承诺均对供应链金融与企业融资约束间关系具有显著正向调节作用。朱玮玮（2022）选取2009~2018 年我国上市中小企业样本数据进行实证，研究发现，我国中小企业现金–现金流敏感性显著，供应链金融能够有效缓解中小企业融资约束。陈晶璞、骆良真（2022）实证检验了供应链金融与中小企业融资约束的关系，并就供应链集中度的调节作用进行了探讨。

另一方面，随着研究的深入，关于供应链金融经济后果的研究范围进一步拓展，不仅限于供应链金融的融资功能，逐渐关注其对企业创新投入、非效率投资以及经营绩效等方面的影响。郭景先、鲁营（2023）提出供应链金融的融资效应假说和治理效应假说，用于考察供应链金融对企业创新非效率投资的影响，证实供应链金融能够有效降低企业非效率投资。徐鹏等（2023）研究发现，供应链金融能够促进企业创新投入，与传统供应链金融相比，数字金融赋能供应链金融能够强化对企业创新投入。宋华等（2021）实证检验了金融导向和供应链导向两种供应链金融模式对核心企业绩效的影响。Zhang（2019）实证检验供应链金融与核心企业财务绩效和库存绩效之间的关系，研究发现，供应链金融不会影响企业的财务绩效，其能够通过减少核心企业的破产来稳定供应链。武晨（2021）研究指出，供应链金融能够抑制客户集中度对上市公司创新行为产生的负面影响，促进企业平稳发展。

目前，关于科技型中小企业供应链融资的实证研究，主要聚焦供应链融资在缓解科技型中小企业的作用和价值，研究结果表明，科技型中小企业普遍存在资金约束，受约束程度与信息不对称程度成正比（姚王信等，2017）。供应链融资能够显著降低企业的研发投资现金流敏感性，缓解其资金约束程度（顾群，2016；刘兢轶等，2019），但受制于研究对象和样本数据选择，研究仍需深入。部分学者关注了科技型中小企业融资模式，刘迅、颜莉（2012）分析科技型中小企业供应链融资模式的运作机理，并与传统融资方式对比后指出了供应链融资的优势。杨磊等（2016）考虑线上供应链金融交易创新，通过实际交易背景分析和在线交易平台设计，提出了四种在线融资模式，并从法制法规建设等方面提出对策。刘兆莹等（2017）基于资产证券化角度，探讨应收账款证券化的中小企业融资模式。范方志等（2018）从生命周期视角分析科技型中小企业的融资特征和存在的问题，结合供应链金融理论，提出了科技型中小企业的融资创新路径。窦亚芹等（2020）基于数字化创新背景，探讨供应链创新在科技型中小企业融资模式创新中的关键点，并考虑风险防范、技术应用和法律体系等约束条件，提出对策建议。

1.3.5 现有研究述评

综上，关于科技型中小企业融资的研究，重点关注其融资约束产生的原因及影响因素，揭示了科技型中小企业融资难的具体原因，并且就科技型中小企业融资方式和融资机制进行较为深入的探讨，得到了具有参考价值的研究结论和成果。然而，已有研究多数仍在中小企业的概念下结合供应链融资模式进行论证，并未针对科技型中小企业的特点和实际，如所处发展阶段、类型及行业，特别是可行性和适应性进行讨论，所提出和设计的融资模式虽具有普遍性但针对性不足，如何构建具有实际应用的供应链融资模式值得进一步讨论。因此，科技型中小企业供应链融资的适应性以及可行性分析，需要结合科技型中小企业自身的特点和行业属性，构建和设计具有可操作性的供应链融资模式。此外，科技型中小企业供应链融资模式的实施和应用，政府以何种方式以及如何参与，实现政府财政资金的引导性创新投入，也需要进一步明确。与此同时，供应链融资与科技型中小企业融资约束和融资效率的关系以及影响路径、机制仍需进一步分析，以及如何构建理论分析框架，并通过实证研究进行论证，值得进一步深入研究。本书以科技型中小企业供应链融资为研究主题，较为全面地分析和梳理科技型中小企业融资现状和存在的问题，探索建立科技型中小企业融资能力评价指标体系，构建政府财政资金引导下科技型中小企业供应链融资模式，并结合理论分析和实证研究，以期揭示供应链融资对科技型中小企业融资约束和融资效率的作用关系及影响路径，进一步丰富科技型中小企业供应链融资的研究，拓展理论研究边界和指导实践应用。

1.4　研究内容及结构安排

为缓解科技型中小企业融资约束，提高融资效率，探索科技型中小企业供应链融资模式，揭示供应链融资在科技型中小企业融资过程中的作用关系、影响路径及机制，本书以科技型中小企业为关注对象，重点从以下方面进行研究：

（1）科技型中小企业融资理论分析。首先，对科技型中小企业的概念以及特征进行分析，梳理科技型中小企业融资的主要方式，并对供应链融资的概念以及流程进行总结，明确本书的研究内涵和边界。其次，结合企业资本结构、信息不对称以及生命周期等理论对科技型中小企业融资进行理论分析。

（2）科技型中小企业融资现状调查。通过文献梳理和调研，分析我国科技型中小企业融资约束的现状及存在的问题，并针对宁夏科技型企业的发展现状，结合实地调查研究、访谈，分析宁夏科技型中小企业融资的主要政策，以及融资现状，梳理出融资过程中存在的问题，为后续研究提供基础和靶向目标。

（3）科技型中小企业融资能力评价。结合实地调查，根据科技型中小企业的特点以及融资评价的特殊性，针对融资过程中科技型中小企业的融资能力和竞争力难以衡量的实际，引入行业因素、企业规模等要素，通过建立科技型中小企业融资能力评价指标体系，并结合宁夏新三板上市的科技型中小企业进行实证分析，以期通过竞争力评价，对科技型中小企业的融资能力和成长潜力进行评价，为金融机构融资选择提供借鉴和参考。

（4）科技型中小企业供应链融资模式设计与构建。考虑科技型中小企业的特殊性，结合供应链融资理论和模式，分析科技型中小企业供应链融资的可行性与适用性，针对现有科技型中小企业的融资机制和模式存在的问题，探讨政府在科技型中小企业融资过程中的作用。同时，基于供应链融资对科技型中小企业的适用性分析，引入供应链融资模式，构建政府引导下科技型中小企业的供应链融资模式。

（5）供应链融资与科技型中小企业融资约束。通过理论分析科技型中小企业面临的融资约束并进行实证检验，对供应链金融与科技型中小企业融资约束的关系进行理论验证和实证分析，检验企业数字化转型在强化供应链金融缓解融资约束过程中的作用，同时对供应链金融在不同属性企业、行业以及地区之间的差异进行异质性分析，揭示供应链金融对科技型中小企业的作用关系，缓解科技型中小企业融资约束。

（6）供应链金融与科技型中小企业融资效率。通过理论分析供应链金融与科技型中小企业融资之间的关系提出研究假设，实证检验供应链金融影响科技型中小企业融资效率的作用渠道，并从信息不对称角度，探讨科技型中小企业会计信息质量在供应链金融影响科技型中小企业融资效率中发挥的作用，揭示供应链融资对科技型中小企业融资效率的影响路径与机制，为提升企业融资效率提供理论支撑。

（7）科技型中小企业融资政策与经验借鉴。梳理国内外关于科技型中小企业的融资支持政策和模式，总结经验做法，并进行对比研究，为科技型中小企业融资提供经验借鉴和实际参考。

在上述研究的基础上，得出本书研究结论，并就缓解科技型中小企业融资约束，以及推动科技型中小企业供应链融资模式创新和实施提出相应的政策建议。

1.5 研究思路、方法与创新点

1.5.1 研究思路

本书遵循理论分析、问题界定以及对策建议的管理学研究范式，通过实地调查分析出宁夏科技型中小企业融资现状及存在的问题，建立符合科技型中小企业融资能力的评价体系，从政府财政资金引导支持角度，构建符合科技型中小企业的供应链融资模式。同时，通过实证研究进一步剖析供应链融资影响科技型中小企业的路径与机制，提出缓解科技型中小企业融资约束、促进科技型中小企业供应链融资的政策建议。本书研究思路及框架如图1.1所示。

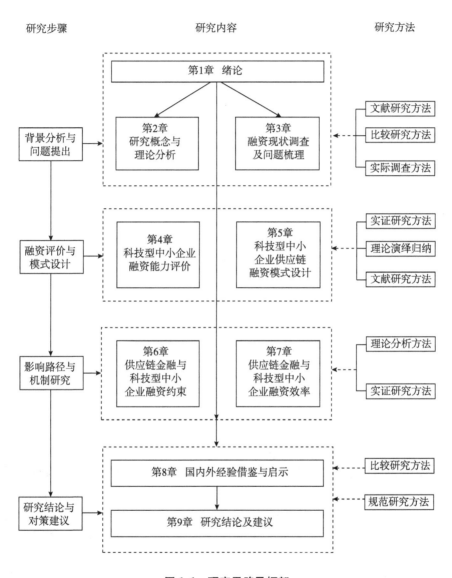

图1.1 研究思路及框架

1.5.2 研究方法

1.5.2.1 规范研究与实证研究相结合

通过文献检索和分析，对科技型中小企业融资约束、融资方式以及融资模式的研究观点和研究结论进行梳理，界定科技型中小企业融资和供应链融资的概念，通过调查问卷确定宁夏科技型中小企业融资过程中存在的问题，并通过建立融资能力评价指标体系，构建科技型中小企业融资能力评价体系。此外，实证检验供应链金融对科技型中小企业融资约束和融资效率的影响关系及机制。

1.5.2.2 定性分析与定量研究相结合

定性分析指通过定性分析遴选科技型中小企业融资能力评价指标和参数，以及政府财政资金引导下科技型中小企业供应链融资模式的构建；定量研究指通过建立计量模型，采用实际统计数据，实证研究得到相关结论。结合定性分析和定量研究结果得出研究结论，并提出对策及建议。

1.5.2.3 理论归纳与比较分析相结合

通过理论分析和归纳等规范性研究方法，对国内外科技型中小企业融资政策和融资模式进行比较分析，为科技型中小企业供应链融资模式的构建和设计提供经验借鉴。此外，通过理论归纳，提出供应链金融与科技型中小企业融资影响关系的理论假设。

1.5.3 研究创新点

本书以科技型中小企业融资为研究主题，建立科技型中小企业融资能力评价指标体系，构建科技型中小企业供应链融资模式，并实证检验供应链金融与科技型中小企业融资约束和融资效率的关系。理论研究方面，建立供应链金融与科技型中小企业融资约束及融资效率理论分析框架，提出研究假设，通过实证揭示供应链金融影响科技型中小企业融资约束和融资效率的作用关系和影响路径，丰富已有研究理论的内容和边界。实践创新方面，进一步丰富了科技型中小企业融资能力的评价指标体系，结合企业生命周期理论和行业属性，分析科技型中小企业供应链融资的可行性和适用性，并基于政府财政资金引导支持角度，构建科技型中小企业供应链融资模式，具有一定的创新性。

第2章 科技型中小企业供应链融资相关概念与理论基础

2.1 科技型中小企业的概念及特征

2.1.1 科技型中小企业的概念

关于科技型中小企业认定存在统一的标准，但其定义尚未统一。谢晓国（2004）认为，科技型中小企业是从事高新技术成果的研发、商品的生产和经营，初始投资小、发展潜力大，且具备独立核算、自负盈亏的经济实体。章卫民等（2008）认为，科技型中小企业是一种知识、技术和人才密集型，并以追求创新为核心、将科技成果转化为现实生产力的中小规模企业实体。科技部、财政部、国家税务总局制定的《科技型中小企业评价办法》中，将其定义为依托一定数量的科技人员从事科学技术研究开发活动，取得自主知识产权并将其转化为高新技术产品或者服务，从而实现可持续发展的中小企业（科技部等，2017）。

按照《科技部 财政部 国家税务总局关于印发〈科技型中小企业评价办法〉的通知》（国科发政〔2017〕115 号）文件，科技型中小企业主要是从事高新技术产品的研制、开发、生产和服务，企业负责人应具有较强的创新意识、较高的市场开拓能力和经营管理水平的企业。在量的方面也有严格界定，主要体现在企业人数不超过 500 人、年销售收入不超过 2 亿元、资产总额不超过 2 亿元。本书结合供应链融资的特点，从投入产出角度，认为科技型中小企业是具有一定的科技人才占比和科研投入，通过科技创新和研发活动实现投入转换，最终产出知识产权并将其转化为高技术产品或者服务的中小企业。因此，本书在开展研究时，关于科技型中小企业的界定参照《科技型中小企业评价办法》，具体条件如表 2.1 所示。

表 2.1 我国科技型中小企业认定条件及标准

条件及标准	指标	说明
必备性条件	注册地	在中国境内（不包括港、澳、台地区）注册的居民企业
	职工数量	总数不超过 500 人
	年销售收入	不超过 2 亿元
	资产总额	不超过 2 亿元
	产品及服务	不属于国家规定的禁止、限制和淘汰类
	企业经营状况	上一年及当年未发生重大安全、重大质量事故和严重环境违法、科研严重失信行为，且企业未列入经营异常名录和严重违法失信企业名单
	综合评价	根据科技型中小企业评价指标进行综合评价所得分值不低于 60 分，且科技人员指标得分不得为 0 分
直接认定条件	满足必备条件且满足认定条件其中之一	企业拥有有效期内高新技术企业资格证书
		企业近五年内获得过国家级科技奖励，并在获奖单位中排在前三名
		企业拥有经认定的省部级以上研发机构
		企业近五年内主导制定过国际标准、国家标准或行业标准

2.1.2 科技型中小企业的特征

（1）在企业组织与成长方面，科技型中小企业具有较为完整的组织管理架构，多采用扁平化管理模式，企业具有较高的机动性和灵活性，且具备较高的管理柔性，企业对市场变化较为敏感，更加注重技术研发创新。为了维持企业的市场竞争力和竞争优势，该类企业的技术研发和产品服务迭代具备持续性，往往能够迅速捕捉市场机遇，快速实现科技成果转化和调整研发方向及内容，满足市场需求和把握行业发展趋势。而且，产出的产品和服务与其他中小企业相比具有一定的不可替代性，同时具备较高的成长性，当其技术产出获得市场认可，如知识产权、专利以及技术服务等产品产出时，短时期内能够以技术优势占据市场，且推广和再复制成本低。企业会在一段时间内获得较高的收益，为后续企业研发经营提供更有利的基础，创造更多的研发机会以及市场，具有较高的投资回报和成长性。

（2）在企业研发投入方面，科技型中小企业属于技术、人才和知识密集型产业的主要载体，企业研发投入需要耗费一定的资金和人力等资源，科技研发人员占比较高，且在某一领域或者行业具有较强的研发创新能力和产品创新性，对创新型高水平人才依存度高。与一般中小企业相比，科技型中小企业为了保证竞争优势，对高新技术的研发迭代和技术创新具有持续性要求，且需要大量的资金投入。从企业研发设计、设备购置、研发创新到市场推广，每个环节均需要大量持续性的资金。企业研发设计之初，需要进行较为详尽的市场调研和产品设计、创新设计以及研发实验所需的设施设备购置，需要前置资金的投入，在研发过程中，较长的创新实验以及研发周期需要持续性投入，且需要反复进行测试，直到产品进入市场，其间需要大量人、财、物的投入，这是造成科技型中小企业资金约束的重要原因之一。此外，科技型中小企业成长具有明显的生命周期特征，从初创期、成长期、成熟期到衰退期，每个阶段均需要进行针对性地投入，且随着企业进入成长期和成熟期，需要的资金投入呈现不断增长趋势。

（3）在财务资产与风险方面，科技型中小企业注重技术创新和研发，产出以知识产权和专利技术为主，固定资产和设备设施数量占比相对较低，具有典型的轻资产特征。相比一般科技型中小企业，在实际融资过程中，由于可质押物和固定资产较少，难以通过传统质押融资获得外部资金支持。同时，科技型中小企业在创立初期直到成熟期，企业的经营重心主要集中于研发创新和市场开拓，组织架构和管理不规范，特别是对财务的管理缺乏规范性，进一步加剧了科技型中小企业融资的难度。此外，科技型中小企业具有高成长性、高风险性。一方面，科技型中小企业典型的研发创新特征，决定其生产经营和产出具有天然的不确定性，相比一般企业，科技型企业面临着更高的研发失败风险，且会给企业造成较为严重的影响。同时，科技型中小企业由于规模小，受宏观环境和行业波动影响较大，自身成长和发展本身存在较大的不确定性，且自身抗风险能力弱的特征从而导致其具有较高的风险性。另一方面，科技型中小企业依托技术领先优势和自主知识产权，形成了知识产权、软件著作权、技术咨询以及专利等产品和服务，该类产出的自身价值难以评估且波动较大，从而导致科技型中小企业具有较高风险。

综上，科技型中小企业天然具有技术研发投入大、"重技术，轻资产"、投入产出不确定以及风险性高的特征，结合现有认定条件，科技型中小企业更加注重科技人员占比、研发投入以及科技成果产出，较少关注固定资产、设备设施等实物资产，具有明显的高新技术投入产出特征。

2.2 科技型中小企业的融资方式与机制

2.2.1 科技型中小企业的融资方式

企业融资方式的选择是基于企业未来发展战略、企业所处发展阶段、企业生产经营以及资金持有状况，按照企业获取资金的来源划分，可以分为内源性融资和外源性融资。内源性融资指通过企业内部或者企业自身获得，是中小企业获得资金的重要渠道之一（黄东坡，2015），具有融资成本低、效率高等特点，但在企业发展高峰期资金量很难支持企业发展所需。外源性融资作为企业融资的另一途径，主要通过股权、债券以及抵押担保等方式向外部资金提供者获取经营所需的资金，融资成本较高、效率低，但外源性融资不受企业自身资本能力的限制，依然是中小企业融资的重要选择（仇荣国、孔玉生，2017）。为了缓解科技型中小企业的融资约束，现有研究主要从降低信息不对称（全丽萍，2002）、健全融资服务体系（梁曙霞、李秀波，2012）、完善知识产权类质押（徐鲲等，2019）角度切入，部分研究对科技型中小企业不同生命周期下的融资方式（仇荣国，孙玉生，2017）进行讨论，目的是通过提高科技型中小企业信用水平，满足贷款条件和要求。为了便于叙述，此处从外源性融资和内源性融资对科技型中小企业融资方式进行梳理。

企业外源性融资也称为外部融资，指企业通过一定的方式和条件获得外部资金支持。随着企业经营和生产规模的扩大，企业对资金的需求量日益增加，资金的需求速度以及使用周期逐渐增长和拉长，特别是处于成长期的科技型中小企业，外部融资需求更加强烈。一般而言，科技型中小企业外部融资主要包括市场资金和政府资金，市场资金主要包括资本市场融资、风险投资以及商业银行贷款、民间借贷。市场资金中，科技型中小企业以直接融资方式和间接融资方式较为常见。其中，直接融资包括证券和债券融资，即企业通过上市从资本市场和债券市场直接获得生产经营以及研发所需的资金，但该类融资方式对科技型中小企业融资支持的力度有限，主要是由于中小企业上市难度较大，且企业债券等级和流通性较低，难以获得资本市场需求。除资本市场融资外，在资本市场较为发达的国外，风险投资以及天使投资等方式历来是支持初创期科技型中小企业创新发展的重要组成，并且随着我国风险投资基金和体系的完善，其在科技型中小企业融资所占的比例也逐步提高。此外，中小企业也可通过商业信用直接获得融资支持。与一般企业融资类似，在科技型中小企业融资过程中，民间借贷也是支持其发展的另一途径，虽然融资成本相对较高且规范性不足，但民间借贷融资可获得性相比正规金融渠道融资更为便捷，也使得其成为融资的重要选择。在科技型中小企业融资过程中，企业间接融资主要以商业银行为主，企业作为资金的需求者，会主动通过信息寻找资金的提供者，而金融中介等部门作为资金提供者，也会寻求融资市场中的优质资源，通过信息判别，在满足政策约束和风险和利润配比下，科技型中小企业获得经营所需的资金，金融中介等机构完成资金供给。以商业银行为代表的金融机构依然是科技型中小企业融资的重要构成，企业通过资产质押以及担保向金融机构申请授信，以政策性银行为主的资金供给主体提供的贷款，在一定程度上能够缓解企业面临的资金约束。

政策性金融支持可视为企业直接融资的构成部分，特别是对科技型中小企业而言，财政补贴是支持其发展的重要构成。政府资金主要指政府财政投入和政策支持，具体表现为政府科技投入、政府性采购支持以及风险补贴、税收优惠以及贷款贴息等财政补贴投入。科技型中小企业选择合适的融资方式实现自身的资金需求，缓解资金约束，融资提供主体则选择合适的资金方式实现资金供给，双方均处于政府政策、融资以及科技环境中，进行资金以及信息的流通，但同时受到环境的约束。一般而言，政策性融资包括政策性贷款、政策性担保、科技创新专项财政支持以及财政贴息等方式。政策性金融可以理解为政府财政对科技型中小企业的定向融资支持，具有一定的公益性，重点关注规模小、创新能力强、研发周期长等技术密集型企业。其中，政策性贷款主要依托商业银行等机构，通过政策支持、风险分担以及财政补贴等手段，激励银行为科技型中小企业提供科技信贷支持。例如近年来，我国各个省份为创新科技型中小企业融资方式，政府通过风险补偿等形式，按照一定的比例分担商业银行贷款风险，以有限的财政资金撬动社会资本，较好地实现了对科技型中小企业融资支持。政策性担保与政策性贷款类似，通过政策为科技型中小企业提供融资担保，实质是以政府信用为企业融资提供"信用背书",增加企业融资可获得性。财政补贴和财政专项支持是目前政策性金融支持科技型中小企业发展的常见方式,政府通过财政资金专项支持科技创新,能够以较低的成本和较为高效的方式直接作用于企业实际所需,而政府财政补贴则具有使用多样性的特点,且往往具有事后特征。但政府财政专项支持和补贴同样也存在审批周期长、手续繁杂且支持额度较小等缺点,且覆盖面相对较窄受众企业数量较少,科技型中小企业融资需求难以有效满足。

企业内融资,是缓解科技型中小企业融资的重要方式,但内源性融资资金支持有限。一般而言,主要包括企业创办的自有资金、留存收益以及股东的合伙性投入和资产折旧,具有较强的可支配性,但存在资金额度小、途径单一的特征。对于科技型中小企业而言,内部融资对企业融资支持或者占比则更低。究其原因,由于科技型中小企业创新研发所需资金量相对较大,企业经营留存收益有限,且轻资产重研发的天然性特征,使企业资产折旧产生的现金流有限,从而导致科技型中小企业难以通过内部融资满足自身的资金所需。因此,在科技型中小企业融资过程中,外部融资、内部融资、直接性融资以及间接性融资会贯穿和应用于整个融资过程,并且不同生命周期的企业会选择和适用于不同的融资方式。综上,科技型中小企业融资方式和途径如图2.1所示。

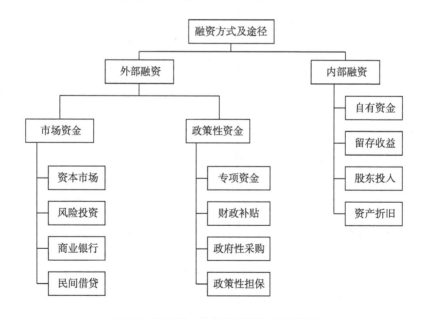

图2.1 科技型中小企业融资方式及途径

2.2.2 科技型中小企业的融资机制

机制属于系统理论中的一个概念，也即系统内部子系统之间相互作用的过程和方式，而企业融资机制指企业资金系统内部的子系统间相互作用的过程和方式（赵丽丽，2018）。对科技型中小企业而言，融资机制能够发挥资金筹集功能，也是资金融资的再配置过程，而融资主体、融资环境和融资方式是组成科技型中小企业融资机制的三个主要构成要素，政府和市场则构成推动和约束该机制运行的外部作用力。

关于科技型中小企业的融资机制研究方面，学术界和实务界从政府参与的融资机制和科技型中小企业自身两个途径进行研究。在科技型中小企业融资过程中，既要重视市场和经济发展的规律，又要充分重视政府的主导和调节作用，特别是对于科技型中小企业，政府推动是融资可获得性的前提和保证。政府的主要作用体现在可以通过制定相应的政策和法规，适度规制科技型中小企业的融资，也可以通过担保和集中授信间接提高中小企业信用，从而提供资金服务或者专项扶持资金扶持（陈国进、王少谦，2016）。在政府主导下，可以通过税收手段、健全科技型中小企业的融资体系、与金融机构合作、引领市场资源配置以及引导融资方式创新（郑霞，2015）实现对科技型中小企业的资金支持。此外，科技型中小企业信用水平、经营状况以及财务状况等也是中小企业获取贷款的重要影响要素。因此，作为融资的主体，科技型中小企业应不断完善自身的融资条件，改善经营状况，吸引外部投资。同时，企业应尝试寻找新的融资方式和采用新的融资手段实现融资需求，应通过建立融资征信治理协同的关系治理机制、交易治理机制和数据信息治理机制，企业、银行、政府和相关服务体系共同作用，以缓解科技型中小企业融资困境（张玉明、王春燕，2017）。

2.2.2.1 科技型中小企业融资的政府引导机制

政府作为科技型中小企业融资机制的推动者，具备引导监督职能。在企业融资过程中，企业自身的融资能力和条件未满足资金提供者的要求，或者难以实现有效融资需求的情形下，政府政策和资金的支持能够很大程度上实现对科技型中小企业的扶持和帮助，引导社会资本和金融资源完成资金的有效配置，也可以以直接投入或者间接扶持的手段缓解企业面临的资金约束。政府财政科技资金的直接投入，能够有效缓解企业融资过程中市场资金不匹配问题，具有较强的针对性和时效性。在政府投资支持过程中，一般以政策支持和资金支持最为常见，一方面，政府可以对重点支持的科技领域内的企业进行直接财政性投入或者补贴，按照科技研发项目的形式完成定期投入性支持，并在完成一定阶段的验收后，给予后续财务资金补偿。政府采购作为支持科技型中小企业融资手段，不仅能够为科技型中小企业提供资金支持，拓宽企业商品研发渠道，实现销售资金的快速回笼，同时具有一定的市场导向性，为企业拓宽渠道获得市场认可以及增加金融贷款机构的支持意愿。另一方面，政府可以通过政策支持手段降低科技型中小企业的经营和融资成本，拓宽企业融资渠道，政府以政策支持和引导的方式支持企业发展，主要表现为给予科技型中小企业一定比例的税收减免，如增加研发投入和研发设备税收扣除比例，对企业研发经营场所和场地费用进行减免，同时对科技型中小企业融资过程中存在的风险担保和融资风险进行补贴，增加企业的资金可获得性。

此外，政府可以以一定的政府资金投入作为引导资金，发挥财政资金引导支持作用，实现以有限财政资金为引导，使得社会资本和民间资本投向科技创新领域。政府财政引导资金具有一定激励特征，政府按照一定比例进行科技财政资金的支持，积极吸引和撬动商业银行以及风险投资等社会资本投入，或以政府财政出资的形式，成立风险投资基金直接用于科技型中小企业研发支持创新，或以政府资金为主成立科技创新融资服务机构，实现对科技型中小企业的贷款和资金支持。实质上，政府财政资金的引导性是通过政府资金的投入，提高科技型中小企业的融资信用水平，降低资金提供者面临的贷款风险敞口，间接为科技型中小企业"增信"，提高资金供给双方的匹配度。政府财政资金引导支持科技型中小企业融资的常见形式包括通过政府投资创新引导基金、担保补偿贷款以及风险分担等形式，引导商业银行、担保机构和保险机构的参与，实现贷款资金的风险防控，提高了资金提供者参与的积极性。

2.2.2.2 科技型中小企业融资的多主体协调激励机制

科技型中小企业融资是一个涉及多个主体的过程，科技型中小企业作为融资的需求方，与一般中小企业不同的是，科技型中小企业具有融资风险敞口高和贷款需求额度小、频次高的特征，企业在融资过程中，因融资贷款审核成本较高、风险收益比率较低而较易受到金融机构信贷配给，难以获得融资支持。因此，科技型中小企业融资除自身融资需求和资金提供者外，需要政府、担保机构、知识产权评估等机构的参与，其实质是分散和降低科技型企业贷款的风险，鼓励资金提供方增加对科技信贷的支持力度，健全科技型中小企业贷款融资服务体系。其中，政府作为科技创新的主导者和实施者，承担着区域科技创新发展和水平提升的行政责任，接受上级部门考核和社会监督，在科技创新和支持科技型中小企业融资过程中，发挥着引导性和主导性作用。政府政策支持具有较强的引导和行政支持能力，有利于科技型中小企业融资环境和融资体系的建设和优化。商业银行等金融机构是科技信贷和科技型中小企业资金的供给主体，但出于对贷款收益和风险比的考虑，商业银行科技信贷支持意愿较弱，更愿意将资金用于支持贷款风险较低的项目，从而对类似科技型中小企业和科技创新类项目进行信贷配给，导致科技型中小企业难以获得商业信贷支持。此外，为了降低科技型中小企业融资贷款过程中的风险，拓宽企业融资渠道和方式，需要引入担保公司和知识产权质押、法律咨询等辅助机构，完善科技型中小企业融资服务体系建设。

然而，值得注意的是，商业银行等金融机构、担保机构以及其他参与主体，面对科技型信贷和科技型中小企业较高的风险，参与意愿不足。因此，政府作为主导部门，应运用政策工具和财政支持手段，支持和鼓励商业银行等金融机构参与到科技型中小企业贷款中，甚至将科技信贷额度作为部分银行考核的内容或者指标，并且以贴息以及风险补偿等形式，激励各方主体参与。因此，科技型中小企业融资过程中应建立一定的激励机制，促进融资活动的实施和完成。激励保障机制有利于促进科技型中小企业的发展。一般情况下，激励措施包括对企业和资金供给者进行财政补贴、资金奖励和政策优惠，提高商业银行等机构的积极性，同时为企业减少成本支出。另外，激励机制通过对企业经营过程的科技研发、知识产权成果、科技人才进行资金奖励，同时辅助企业建立科技研发平台，并进行如高新技术企业、科技小巨人企业、科技型中小企业的认证，为资金投资者提供参考，积极吸引金融机构参与，提高企业自身发展水平。

2.2.2.3 科技型中小企业融资的竞争与保障机制

竞争机制是实现有限资源有效分配的重要方法和途径。科技型中小企业融资过程中的竞争主要指企业为了获得资金供给主体的资金支持，因自身融资能力优势所产生的资金获取能力的差异，同时包含资金供给主体间的竞争。对于不同的科技型中小企业而言，企业经营状况、科技创新能力以及盈利偿债能力等在一定程度上能够影响其融资能力，即较高的融资能力和竞争排名能够获得更大程度上的资金支持，也能够获得政府政策和资金支持，其实质是为政府和资金提供者提供融资贷款支持的依据，同时能提高科技型中小企业自身的规范化经营水平。从资金供应角度分析，科技信贷和科技型贷款对象的信用水平以及盈利能力，是商业银行等金融机构提供贷款的重要参考，在政府财政资金引导下，资金提供者会优先选择经营状况好、信用水平高以及创新水平较高的科技型中小企业提供信贷支持，其本身也存在资金供给主体间的竞争（如获取优势项目资源或者企业），而由于政府政策的导向和约束，会选择为部分科技型中小企业提供贷款支持，但支持额度以及对象的选择性较小，且风险和收益比相对较高。

监督机制能够对科技型中小企业的融资行为和风险进行一定程度的约束，对融资操作进行规制，规范资金需求企业和资金供给者的融资行为，降低融资过程的道德风险和贷款风险，特别是融资过程中，对科技型中小企业财务、经营和贷款的审核，降低不对称信息下的道德风险和逆向选择行为发生的概率。此外，政府引导、金融机构和第三方参与科技型中小企业融资，有利于风险监管和贷款安全，实现多方监督实施。同时，政策的实施和财政的支持，需要配套相应的政策支持和政策规范，形成较为完善的措施和办法，如制定科技型中小企业认定办法、风险补偿办法、贷款贴息办法，规范政策引导方式方法，并对其实施进行有效监督，保障科技型中小企业融资有效使用和融资机制的规范运行。

2.3 供应链融资的概念及模式

2.3.1 供应链节点企业与核心企业

2.3.1.1 供应链的概念

随着学术研究和实践的发展的需要，学者从不同角度对供应链给予了定义。Stevens（1989）认为，供应链是通过对分销渠道的控制，将商品从供应商送到最终用户的一个增值过程。LaLonde 等（1996）认为，供应链由供应商、制造商、零售商和运输公司等企业组成，并将商品送到最终用户手上。马士华、林勇（2014）认为，供应链是围绕核心企业，通过对信息流、物流、资金流的控制，从采购原材料开始，制成中间产品以及最终产品，最后由销售网络把产品送到消费者手中，将供应商、制造商、分销商、零售商，直到最终用户连成一个整体的功能网链结构模式。虽然上述定义存在表述上的差异，但存在着共性的内容，即供应链均涉及从原材料供应、生产、制造以及销售环节的各个企业，并通过对信息流、物流以及资金流的控制，包括单个企业内协作的实现和企业间协作的实现，将产品送达最终用户。

2.3.1.2 供应链节点企业

供应链是通过企业间的协作，将产品或者商品送至用户手中。如果将单个企业抽象为整个链条上的一个点，节点与节点之间存在供给和需求的关系，按照向前顺序连接起来，就形成了供应链。因此，节点企业即为供应链上存在供需关系的单个企业。马士华、林勇（2014）按照供应链中节点企业的重要性，将供应链上的企业进行了分类。按照节点企业的重要性，可以分为主体企业和客体企业，主体企业即为占据核心地位，发挥主导作用的企业，客体企业即为供应链上起辅助和协作作用的节点企业，而客体企业按照主体企业的影响范围又分为内围企业和外围企业。如图 2.2 所示。

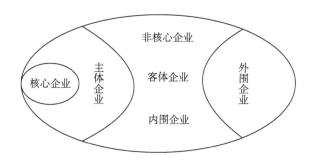

图 2.2 供应链节点企业分类

2.3.1.3 供应链核心企业

由于供应链包含多个企业间的供给和需求关系，需要一个能够主导供应链运行，控制物料流和资金流的主导型企业，对整个供应链的组织和运行进行协调及管理。在实践和研究过程中，将该类企业称为核心企业。目前，关于核心企业的定义尚未进行统一（张睿，2013），但综合看，核心企业需具备较强的核心竞争力和核心市场资源，并且能够吸引加盟或者对接以其为核心的供应链，具备供应链运作的话语权。考虑到供应链融资过程中，更加强调资金的融通和管理，本书认为供应链融资中的核心企业指供应链中具备充足稳定的资金流和较高的信用水平，且具备核心市场资源和竞争力，能够在供应链交易和融资过程中起主导作用的节点企业。

2.3.2 供应链融资的概念及特点

2.3.2.1 供应链融资的概念

供应链金融作为供应链融资的重要实践内容之一，源于 20 世纪 80 年代，为了解决企业全球化采购和外包成本，从起初的财务供应链管理逐渐演变为一种融资创新模式。Aberdeen（2006）在《供应链融资发展状况报告》中认为，供应链金融能够通过对贸易融资产品和连接贸易伙伴、金融机构的技术平台有效地整合，向供应链成员提供融资服务。胡跃飞等（2009）认为，供应链金融是在对供应链内部的交易结构进行分析的基础上，运用自偿性贸易融资的信贷模型，对供应链的不同节点提供封闭的授信支持及其他结算、理财等综合金融服务。可以看出，供应链金融更多强调商业银行作为资金提供者的服务功能，实质为解决供应链节点企业资金约束的一种金融服务方案。

与传统企业融资类似，当供应链上的节点企业存在资金约束并且其具备独立融资资格时，可以通过质押或者抵押等方式向金融机构提出贷款申请获得外部融资。此外，当供应链上节点企业不具备独立融资条件时，可以通过与核心企业间的关系，通过银行提供的供应链金融服务获得外部融资，如动产质押，具体形式包括仓单质押融资、存货质押融资等；也可以依托企业间长期的贸易关系，获得核心企业以商品形式或者资金提供的资金支持，其实质为一种债务债权关系，也即供应链内部融资。鉴于现有研究过程对供应链融资缺乏明确的定义，为便于研究，本书以供应链为研究对象，供应链上的节点企业为资金的需求方。本书后续论述过程中，将商业银行等金融机构为资金约束供应链提供的融资方案称为供应链金融，称为狭义上的供应链融资。此外，供应链节点企业可以凭借自身的条件直接向外部进行融资，也可通过上游核心企业提供的延期支付业务，或者下游核心企业提供的预付款获得生产和订货所需的资金。因此，本书认为，供应链融资指供应链上存在资金约束的节点企业，通过企业间的贸易关系，获得持续生产销售和经营所需的资金或商品的融资行为。既包含依托供应链金融服务获得的外部金融机构融资的行为，也包含依托企业间商业信用的内部融资行为，也称为广义供应链融资，本书研究属于广义上的供应链融资。

2.3.2.2 供应链融资的特点

供应链融资作为一种新的融资模式，是在传统的授信业务基础上发展而来的，但又与传统授信业务有显著区别，其主要特点表现在以下五个方面：

（1）还款来源的自偿性，传统授信业务的还款来源依靠企业综合收入，不单纯对应单笔交易，借款人流动资产在形态规模上随着企业经营活动不断变化，银行难以有效监控。而供应链融资具有自贷自偿特征，其还款来源于贸易本身，还款相对有保证。自偿性强调只要贸易背景真实、交易对手实力雄厚、信用记录良好、贸易活动连续，就可以认定是可行的，以商品的销售收入实现作为还款来源。通过操作模式的设计，将授信企业的销售收入自动导回授信银行的特定账户中，进而归还授信或作为归还授信的保证，交易过程的信息流、物流和资金流的相对封闭运行，具有还款来源自偿性，银行可跟踪管理，真正做到资金的封闭管理。

（2）操作的封闭性，供应链融资操作的封闭性表现在银行要对发放融资到收回融资的全程进行控制，其间既包括对资金流的控制，也包括对物流的控制，同时包含对其中的信息流的控制。其融资活动严格限定于中小企业与核心企业之间的购销贸易，禁止资金挪用，利用供应链购销中产生的流动资产或权利作为担保，主要基于商品交易中的预付账款、应收账款及存货等资产进行融资，与传统的固定资产抵押贷款形成鲜明对比。典型的产品如动产抵（质押）授信业务，银行将企业所拥有的货物进行抵质押，授信资金专项用于采购原材料，企业以分次追加保证金的方式分批赎出货物，随之进行销售。

（3）贷后风险控制，贷后风险控制是控制信贷风险的重要环节，经济活动的周期性、市场变化的不确定性以及借贷双方信息的不对称性，决定了资金供给者必须动态、连续、全面地跟踪生产经营全过程。由于传统授信业务强调的是特定交易环节供需双方企业的信用状况，而供应链融资相对降低对企业财务报表的评价权重，在准入控制方面，强调操作模式的自偿性和封闭性评估，针对各个交易环节潜在的风险加以识别与控制，更注重建立贷后操作的专业化平台，以及实施贷后的全流程控制。

（4）授信用途的定制化，供应链融资授信用途的定制化表现在供应链融资资金供给主体的授信结合了交易双方历史年交易情况及年预期实有订单情况，合理确定应给予的授信额度。在授予企业的融资额度下，企业每次出账都对应明确的贸易背景，做到金额、时间、交易对手等信息的匹配。定制化的供应链融资将金融服务延伸到产业链的上下游，为产业经济提供"链条式"的服务，切实解决了中小企业融资难问题。

（5）多主体协作化特征，在传统的中小企业融资方式中，一般参与主体只有商业银行等信贷机构和中小企业双方，有些需要第三方担保人的参与。然而，在供应链融资模式中，参与方不仅有金融机构、融资企业，还包括供应链上的核心企业、上下游企业以及物流企业。各个参与主体充当着不同的角色、发挥着不同的作用，相互协调、共担风险、共享收益，从而实现供应链融资的高效和多赢模式。不仅解决了中小企业短期的融资困境，同时提高了各自的收益。

2.3.2.3 供应链融资的优势

供应链融资通过对节点企业间的信息流、物流和资金流的整合，依托供应链上的核心企业的高信用水平，利用企业间交易过程的流动性资产实现融资，具有可持续性、封闭性、易监管性等特征。与传统企业融资方式相比，有如下优势：

（1）从服务对象分析，供应链融资是面向供应链整体的融资服务，针对供应链节点上的中小企业，以供应链上的核心企业为依托，通过交易过程流动资产和企业间的贸易关系，使得供应链上存在资金约束的企业获得经营所需的资金或商品，并且融资具有持续性。

（2）从融资条件分析，相比传统授信，供应链融资使得银行从对单个企业的融资条件的关注，转向对整个供应链上贸易关系可靠性和稳定性的关注，实现核心企业与节点企业间的信用捆绑，借助核心企业的高信用水平，通过设计合理的融资方案为存在资金约束的节点企业提供授信，且能够实现资金流和物流的相对闭合，解决了中小企业因贷款条件不足而造成的融资难问题。

（3）从信息的获取分析，供应链融资是对供应链企业间信息流和物流真实信息的掌握及评估，需要核心企业和贷款企业提供详尽的贸易信息，及时掌握企业融资的动态信息和经营状况，具有易监管性。并且，整个过程中均存在着资产的动态质押或者核心企业的担保，能够实现贷款风险的有效规避。

2.3.3 供应链融资的模式及流程

按照节点企业在供应链上所处的位置和融资需求，供应链融资可以分为预付类、库存类和应收账款类三种主要模式。

2.3.3.1 预付类融资模式及流程

供应链预付类融资模式早期可追溯到信用证时期，也可以称为未来存货融资。随着供应链运作与实践，处于上游的核心企业为了将资金占用成本和财务成本转嫁给下游中小企业，致使下游中小企业资金紧张，面对可抵押物少、信誉等级低的现实约束，很难获得生产经营所需的资金。为了缓解该情形下中小企业的融资约束，基于上游核心企业和下游中小企业之间的交易关系，以下游企业的提货权利、在途货物或者库存货物为担保基础，设计构建预付类融资模式，缓解下游中小企业的资金约束，能有效解决因缺乏担保而难以获得融资的实际情形。

一般情形下，预付类融资主要包括先票后货、保兑仓以及信用证融资等模式，其实质是下游企业通过缴纳部分订货保证金，获取金融机构或者上游核心企业支持，上游核心企业通过控制下游中小企业提货权实现风险的封闭性管理，下游企业通过不断补充保证金，分批次获得生产、销售和经营过程中所需要的原材料及商品，该过程属于典型的自偿性交易，创新性地实现了金融工具的创新。此处以保兑仓模式为例，阐述预付类融资基本流程，如图 2.3 所示。

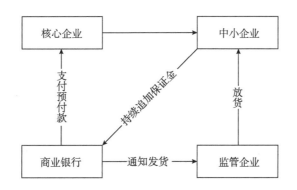

图 2.3 预付类融资流程

主要流程：①上游核心企业、商业银行、下游中小企业以及第三方监管企业达成协议，下游中小企业向商业银行缴纳一定数量的保证金；②商业银行向下游中小企业进行授信，用于支付中小企业向核心企业订货的全部货款；③核心企业将发给下游中小企业的货物运抵商业银行指定的第三方监管企业的仓储进行监管；④下游中小企业向商业银行追加保证金，用于持续获得生产经营所需的原材料或者商品；⑤商业银行在收到保证金后，通知第三方监管企业向下游企业发送相应数量的货物；⑥第三方接到发货指令后向下游中小企业发送部分货物，本轮流程结束。可以看出，预付类融资模式通过自偿性和封闭性交易，实现资金的回笼，逐次循环实现资金的流动，既保证了风险的可控性，又能缓解下游中小企业面临的融资约束。

2.3.3.2 库存类融资模式及流程

对于供应链上的中小企业而言，库存会占用大量的企业资金，错失盈利机会，但从供应链稳定性角度来说，库存又是生产和销售稳定性的关键保证。因此，盘活库存占用资金，保障生产经营所需，使得库存类融资成为供应链融资的重要模式。库存类融资是从供应链节点企业和第三方物流企业出发，通过资金约束企业自身信用或者是对库存货物的控制权，向商业银行进行贷款申请，实现库存货物对资金融通的要求。

一般情形下，库存类融资包括存货质押融资、仓单质押融资以及融通仓融资三种模式，存货质押融资是将商品、原材料、半成品以及产成品等，放置于商业银行指定的第三方物流企业监管，按照是否可以自由进行"以货易货"分为静态存货质押和动态存货质押；仓单质押融资指供应链上的中小企业以商业银行认可的仓储企业出具的仓单为质押物，向商业银行申请授信，仓单可分为普通仓单和标准化仓单两类；融通融资仓模式与存货质押融资模式类似，不同的是融通仓模式中中小企业的质押物必须放置于第三方物流企业的仓库，存货质押融资模式则相对灵活，且融通仓模式下，第三方物流企业承担的监管责任相比存货质押更大。库存类融资流程如图 2.4 所示。

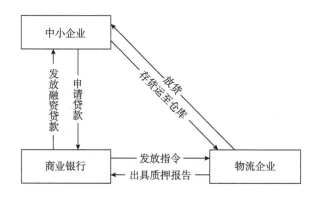

图 2.4 库存类融资流程

主要流程：①商业银行、下游中小企业以及第三方监管企业达成协议；②中小企业向商业银行申请授信，商业银行委托物流企业进行质押评估和监管；③中小企业将质押物送至银行指定或者承认的第三方物流企业，后者出具质押仓单，商业银行向中小企业发放贷款；④中小企业获得生产经营的贷款，其间可以通过缴纳一定的保证金获得该项资金下存放在第三方物流企业处的存货，实现"以货易货"或者"以现金易货"，满足企业经营生产所需。该融资模式银行贷款下的担保物是存放在第三方物流企业仓库的货物，也即货权控制，中小企业通过盘活存货或者库存，实现短期内的资金融通，缓解企业面临的资金约束状况。

2.3.3.3 应收账款类融资模式及流程

供应链融资中的应收账款融资，是利用上游中小企业和下游核心企业在实际交易过程中产生的应收账款或者权利作为主要担保方式，从银行获得融资的一种融资方式。应收账款适用于下游核心企业信用状况良好的情形下，上游中小企业以自身资产支持和应收账款作为还款获得商业银行融资，该类融资模式能够帮助供应链上游中小企业提前回笼资金，改善财务报表，缓解流动性约束。

应收账款融资又称为保理，按照核心企业是否发生应收账款转让，保理分为明保理和暗保理，明保理应收账款债权发生转让，中小企业会通知核心企业应收账款已经转让给保理商，而暗保理则不会立即通知核心企业，保理商委托上游中小企业作为收账代理人继续向核心企业收款。此外，该类融资模式下还包括保理池、票据池融资以及反向保理、双保理等模式。以明保理为例说明应收账款类融资流程，如图 2.5 所示。

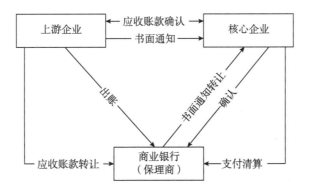

图 2.5 应收账款类融资流程

主要流程：①上游中小企业与下游核心企业具有购销合同，上游企业以赊销形式向核心企业提供商品，形成应收账款；②上游中小企业将应收账款债权转让给保理商或者商业银行；③上游中小企业以书面形式将应收账款转让事宜告知核心企业；④核心企业收到应收账款转让通知，确权并反馈给上游企业和保理商；

⑤保理商向上游企业提供资金支持。该融资模式实质是依托核心企业信用，通过应收账款质押转让，使得中小企业提前获得资金回笼，缓解资金约束状况。

2.4 科技型中小企业供应链融资的理论基础

2.4.1 信息不对称理论

20世纪70年代，美国经济学家G. Akerlof、M. Spence及J. E. Stigliz首次提出信息不对称理论，指出市场中经济主体由于掌握的信息水平和真实性不同导致双方存在信息差异，即存在信息获取和充分性的差别。信息充分的一方通过自身的信息优势能够获取市场经营和竞争优势，另一方会因未能获得足够的信息而处于劣势。该理论指出，买卖双方在实际交易中，由于信息的不对称性，卖方相较于买方掌握更为准确和全面的信息，且卖方可以通过信息的隐匿而采取更加有利于自身的行为，而买方相较于卖方掌握的信息较少，难以做出有利的选择。随着交易过程中信息不对称现象的发生，信息充分的一方会因为充分而准确的信息获益，损害另外一方的利益，使得其难以做出最优的决策；随之会产生"逆向选择"或者引发"道德风险"，不同的是，逆向选择发生在交易双方达成协议之前，而道德风险发生在交易之后，因双方在信息获取质量和成本上的差异，难以实现对信息优势一方的监督或者需要付出更高的成本督促双方维护和遵守合同约定。现实经济活动中，经济主体之间存在着经济差异，由于信息的不完备性和企业发掘、披露、掌握信息存在一定的成本考虑，且缺乏一定信息分析能力，特别是对于商业银行等金融机构来说，全面地掌握和收集贷款对象所有财务及信用水平是不现实的，且基于融资成本的考虑，金融机构更愿意提供贷款给信息披露程度高以及财务制度规范的公司，这使得信息不对称性成为供应链上各中小企业融资困难产生的重要原因。

随着信息不对称理论的创立，公司融资结构理论逐步完善，该理论将融资方式视为公司向外部投资者传递的信号，且负债融资是这种信号传递的理论工具（Ross，1977），主要表现为企业负债融资预示着经营者对未来经营存在较高期望，企业价值会随之增加。之后提出的优序融资理论认为，公司内部与外部投资者之间存在着信息的不对称性，当公司进行股票公开发行时，会因为信息传递影响企业价值（Mayers，1984）。信息不对称的存在会影响企业融资偏好，按照融资成本大小，企业会优先选择内部融资，之后是诸如股权、债权等外部融资方式。然而，在真实的融资市场中，企业生产经营活动中资金供给与需求主体间存在信息不对称性，当企业为了创新发展和拓展市场需要资金支持时，需要从外部市场获得资金以满足市场需求，但外部机构为了获取中小企业经营及财务信息需要付出较高的信息收集成本，即便如此也难以保证信息的真实和可靠性，从而需提高融资成本或者需要部分收益作为代价来承担部分风险，但这会影响中小企业的融资效率。此外，在实际融资过程中，信息不对称性可能会引发逆向选择和道德风险，企业相比资金提供者掌握更加全面和真实的信息，为了获取贷款支持，可能会选择隐匿投融资风险或者夸大自身投资价值，导致投资方和贷款面临较大的风险。同时，由于信息不对称的存在，市场中信用水平较差且违约风险较高的企业，其融资成本理应高于信用水平高、违约风险小的企业，但如果资金提供者无法有效筛选和辨别贷款人信用条件，出现类似信用水平低的企业融资成本低于信用水平高的企业，即会出现"逆向选择"问题，使得信用水平较高的科技型中小企业无法获得信贷支持，甚至出现当商业银行等资金提供者不愿涉及中小企业信贷支持时，往往会选择终止对所有企业的信贷支持，从而加剧企业的融资约束。

在科技型中小企业融资过程中，由于信息不对称性，商业银行等金融机构无法准确掌握和衡量科技型中小企业价值及经营风险，而由于科技型中小企业可质押物较少，经营制度和财务管理制度不完善，难以有效披露企业经营信息且意愿不强，商业银行等金融机构需要付出更多的技术和人力进行贷款风险的评估及甄别，从而增加科技信贷的审核成本，降低企业融资资金的可获得性，增加企业面临的融资约束。此外，部分科技型中小企业为了获得金融机构的信贷支持，会采用类似隐瞒风险因素、美化财务报表等手段获取融资，最终导致商业银行等金融机构降低对科技信贷的支持和信任，或是以提高融资成本对冲科技信贷潜在的贷款风险和道德风险。对于供应链融资而言，其作为缓解科技型中小企业融资约束的短期融资工具，将传统对于科技型中小企业自身贷款条件和风险的审核，转向对供应链上核心企业和上下游节点企业长期贸易关系及信用关系的审核，通过对交易数据的积累，依托企业间交易信用关系降低商业银行等金融机构和企业之间的信息不对称水平，增加信息传递效率，依托核心企业高信用水平提供担保，从而降低融资风险和道德风险的发生。

2.4.2 信贷配给理论

信贷配给是经济学研究的一个领域，也是 19 世纪英国货币争议的关键问题之一，直到 20 世纪 80 年代后，以《不完全信息市场中的信贷配给》为代表的相关文献的发表，使得信贷配给逐渐被纳入信息经济学研究领域，进而形成了现有信贷市场上的信贷配给理论。关于信贷配给的概念可以类比经济学原理中的价格机制，当市场的供给与需求相匹配时，价格会稳定在一定的区间或者范围内，也即价格均衡状态，当供给小于需求时，价格会上升，而随着价格的升高，供给会增加或者需求下降，直至价格趋向于新的均衡。显然，价格是供给和需求的调节器。信贷配给是借贷市场上的一种普遍现象，指资金的价格不能自动调整以使得信贷市场达到均衡。然而，学者研究发现，在信贷市场中，利率作为信贷均衡的重要调节工具和手段，在调节信贷平衡过程中并不能完全有效地发挥作用。

关于信贷配给的概念，学者从不同角度给出了定义。早期学者认为，信贷配给是在特定利率水平下，贷款人只愿意提供部分贷款资金，而借款人未被满足的部分需求贷款被贷款人配给其他人。Jaffee 和 Modigliani（1969）认为，信贷配给是在给定银行贷款利率的情况下，市场的贷款需求超过商业银行等机构所能提供的贷款数量，且信贷匹配可以分为均衡信贷匹配和动态信贷匹配两类，其中，在商业给定贷款利率条件下，当贷款需求超过贷款供给时，若贷款利率长期处于均衡状态，即属于均衡信贷配给，若贷款利率处于最佳水平，则属于动态信贷配给。随着研究的深入，20 世纪 70 年代，信贷配给理论的研究更加完善，概念描述愈发全面，如学者从广义和狭义的视角进一步廓清信贷配给的边界，认为狭义的信贷配给是通过调整利率条件而形成的信贷配给，而广义的信贷配给则包含如信用担保、贷款期限等非利率形式的信贷配给（Baltensperger，1978）。也有学者将信贷配给分为金额配给和服务配给两类，金额配给指在现有利率水平下，借款人无论支付多高的利率，也无法实现所有贷款需求，而服务配给指贷款人仅满足部分贷款人的信贷需求，而将其剩余额度配给给其他条件相同的贷款人（Keeton，1979）。而随着研究的不断深入，信贷配给理论逐步从关注贷款利率深化为更加全面多样的理论和模型研究，但学者对信贷配给的定义和概念仍未进行统一。实质上，信贷配给是商业银行信贷过程中的理性行为，但在一定程度上影响资金的合理配置。信贷配给的产生是金融市场中信息不对称现象的表现，由于逆向选择和道德危机效应的存在，贷款人提高利率会增加风险，从而降低贷款人预期收益，导致贷款人在面对较高的贷款需求时不选择通过提高贷款利率对冲风险，而是选择性地对贷款对象进行信贷配给（汤继强，2008）。

此外，关于信贷配给理论的发展与演变，也经历了研究的渐变过程。亚当·斯密在《国富论》中指出，债权人会通过法定最高利率和市场最低利率的差额确定贷款流向。同样地，凯恩斯在《货币论》中提及，银行可以通过调节贷款供给而实现信贷配给。实质上，早期信贷配给理论并非独立的理论研究分支，是隶属于"信贷可获得性"理论的一部分。相对比较严谨的理论指信息不对称的信贷配给理论，该理论指出，信贷配给的根本原因是商业银行和借贷者间存在信息不对称性，而信息不对称会产生道德风险和逆向选择，也即当面临信贷市场超额需求时，商业银行在无法判断贷款者信用水平的情况下，为了避免逆向选择，会选择降低贷款利率而并非提高利率，因为提高利率反而会使得信贷风险较低的借贷者退出信贷市场。为了避免出现逆向选择，商业银行会选择低于均衡利率的水平，按照能够使得银行预期利润最大化的利率对借款人进行信贷配给（Stiglitz & Weiss，1981）。

上述理论的提出和研究具有典型的国外背景，而我国信贷配给具有典型的双重信贷配给特征（杜军，2023），且科技信贷本身具有政策导向性，即便如此依然存在信贷配给。众所周知，科技型中小企业融资难、融资贵的现象普遍存在，科技信贷市场存在双重特征。一方面，根据信贷配给理论，银行出于自身贷款收益角度，会以低于市场均衡利率的水平，向科技信贷市场提供贷款支持，特别是更愿意向风险较低的大型公司提供科技信贷，也即在信息不对称条件下，考虑到贷后风险控制，贷款更加偏重于大型企业。而对于具有轻资产、财务风险较高以及可质押资产少等特征的科技型中小企业，多数情形下商业银行风险评价并未做出变化，对科技型中小企业贷款需要付出更多的评估成本，从而更愿意以市场均衡利率寻求收益高、风险低的企业或者项目，致使市场上出现信贷不均衡，科技型中小企业更容易受到金融机构的信贷配给，难以获得足额的融资支持。另一方面，我国为支持科技创新和科技信贷出台了众多相关政策，而宏观政策等相关政策手段对信贷方和借款人之间的信贷配给影响较大，如，国家层面和地方层面为支持科技创新发展，会成立专业化的科技银行或者要求大中型国有银行加强对科技型中小企业的贷款支持，在一定程度上能够缓解传统商业银行等金融机构对科技型中小企业的信贷配给，降低企业面临的资金约束。供应链融资作为新的融资创新模式，有别于传统商业银行信贷模式（如依托核心企业信用水平），将对科技型中小企业贷款条件的审查，转变为对核心企业和上下游节点企业关系的审核，科技型中小企业参与供应链金融，能够释放更多的企业信息，降低商业银行和科技型中小企业间的信息不对称水平，有利于获得更多的信贷配额，缓解科技型企业面临的信贷配给和融资约束。

2.4.3 企业生命周期理论

企业生命周期在 20 世纪 50 年代开始受到关注，该理论最早源于生物学中的生命周期理论，之后学者类比该理论首次将其应用到企业管理和发展中，认为企业和自然生物一样具有生命成长周期特征，并且根据企业实际经营和发展过程将其划分为种子期、初创期、成长期、成熟期以及衰退期，而企业在不同的生命周期，资本结构和利润等特征也存在较大差异，导致融资需求和方式渠道也存在差异（Weston & Brigham，1978）。

当企业处于种子期和初创期时，企业业务类型少且处于发展初期，各项事务尚未步入正常轨道，此时需要大量的资金用于设备、厂房以及资产的购置，且短期内不具备创造资金的能力，加之初创型企业品牌知名度和影响力较弱，难以获得外部融资支持，多数企业会在初创期面临资金约束。研究指出，企业在初创期以内源性融资为主，此阶段企业以建设和发展为主要目标，产品和服务尚不具备竞争力，无法获得外源性融资。此外，初创企业经营风险相对较高，主要表现为生产研发创新风险和市场风险，加之初创期企业销售量存在较大不确定性，利润水平较低，且企业经营和生存极易受到外部政策、经济环境以及技术变革的影响，这是多数企业在初创期出现经营问题的原因。而初创期企业因自身财务制度不完善、可质押物较少，一般很难受到商业银行等外部金融机构的贷款支持，只有部分企业能够获得政府性投资支持以及个人投资等权益性融资支持，股东和天使投资等个人投资是企业初创期最为常见也是可行的融资方式，而机构投资者不仅具有充足的资金，而且具有较为丰富的企业经营与投资经验，能够为初创期企业提供资金和经营的双重支持。政府资金因其融资成本低和公益性等特征，也是初创期企业的融资方式的重要构成。

当企业处于成长期时，随着企业销售收入的增加和渠道的进一步拓展，企业经营现金流量相对比较平稳，品牌知名度增加，对外部经营环境具备一定的适应性，但随着企业经营规模和市场的不断扩大，企业经营成本逐步上升，运营所需的资金量逐步扩大，为了满足市场需求和研发创新所需，企业需要持续性资金投入，并且需要增加市场营销、广告以及研发等各方面的支出，资金需求量不断增加，因此需要多元化融资方式满足融资需求。随着企业经营更加规范化以及盈利水平的提升，该阶段企业能够通过自身的条件获得商业银行的信贷支持，也可以获得风险投资的支持。但该阶段企业生产经营的风险依然较高，主要源于企业持续性的投入和日益扩大的融资规模，如财务杠杆的使用、企业负债率的提高都会使得该阶段企业经营风险水平不断上升。

当企业处于成熟阶段时，经营更加稳健，此阶段虽然盈利增长速度有所下降但盈利水平较高，主要源于企业产品市场占有率逐步提高、技术创新以及经营水平更加完善，具备一定的市场竞争力和地位，且规模相较之前所有阶段到达顶峰，经营风险相对较低，企业在各个方面达到较为稳定的状态，生产力充足，创新技术完备，品牌和知名度占据市场较高的地位，虽然对资金的需求仍处于高位，但面临的资金约束状况良好，主要源于可行性融资渠道的多样性，且可获得性融资额度增加，企业融资更加注重融资成本和融资效率。该阶段，企业出于融资成本和稳定性考虑，会优先考虑内源性融资，降低外源性融资依赖和成本支出，会根据企业实际经营所需，考虑发放企业债券和股票获得外源性融资支持，且融资以中短期融资为主，长期性融资所占比例不断下降，企业经营和贷款风险水平相对较低。

当企业处于衰退期时，企业利润水平下降，产品竞争力和市场占有率降低，甚至销售出现负增长的情形，其主要原因是企业生产研发以及产品产出逐渐难以适应市场需求，或者市场中出现同类或者同质性替代品，导致企业在市场前端难以获得足够的销售额，收入水平下降。该阶段企业经营风险较高，所处行业和政策环境不利于企业原本业务的开展和实施，此时企业需要进行业务重构和调整，融资需求主要用于经营范围和产品转变，企业会选择通过内部现金储备和资产折旧等方式获得资金，用于企业衰退期主营业务转型和创新的资金需求。此外，该阶段财务风险较高，且面临一定的融资约束。

科技型中小企业具有典型生命周期特征，企业在创立之初，资金主要用于设备购置、研发创新以及市场的开拓，且资金需求缺口相对较大，企业自有资金难以满足经营所需，企业会努力争取获得政府政策支持和孵化资金用于研发创新，融资渠道和方式相对单一，盈利水平较低难以获得外部融资支持，面临较为严峻的融资约束，且风险水平较高。而对于处于成长期和成熟期的科技型中小企业，融资需求不断增加，但企业融资方式和渠道逐渐呈现多元化，形成担保融资、质押融资、股权债权等外源性融资的多元融资体系，企业现金流量趋于稳定，而衰退期资金逐步退出，剩余资金主要用于企业的转型发展和新业务的拓展（陈玉荣，2010；吴琨、舒静，2011）。相应地，科技型中小企业供应链融资模式的选择和应用，与其所处的生命周期阶段具有密切关联。在初创期，企业不具备固定的市场份额和具有竞争力的产品，品牌和知名度尚不具备市场影响力，重要的是，尚未形成稳定的供给需求关系，甚至生产销售的供应链尚未形成，难以采用供应链金融模式获得短期融资。在成长期和成熟期，企业产品和服务获得一定的市场占有率，资产、设备及用于研发生产的原材料满足动态质押的条件，在某一细分行业和领域具有较强的竞争力，具备供应链节点企业的特征，能够依托核心企业信用和长期以来建立的稳定交易关系，通过供应链金融模式获得商业银行等金融机构的资金支持，或者核心企业提供的商业信用，获得研发生产以及销售所需的资金。在衰退期，企业经营收缩，资金选择退出。

2.4.4　融资结构及优序理论

企业资本结构理论又称融资结构理论，可理解为企业获得长期资金的各项来源、构成以及相互作用关系。企业资本结构是各类资本的构成以及比例关系，存在狭义和广义之分。狭义的资本结构指企业所具有的股权结构和负债结构，即股权和债权资本间的比例关系，广义的资本结构指企业多种不同形式的负债（邵永同，2014）。早期西方关于企业资本结构的理论重点关注资本结构和企业价值间的关系，也即在预期收益既定条件下，如何确定合适的负债程度才能满足企业价值的最大化。可以看出，早期关于企业资本结构的讨论更加侧重于市场价值而非账面价值。资本结构分析的目的是寻求企业市场价值最大化，反过来，企业将价值最大化的资本结构作为经营目标。而对企业资本结构进行较为详细和严谨的科学论述则应归于1958年美国学者提出的MM理论，该理论提出了资本市场完全有效、投资者风险收益相同以及市场不存在交易成本和税收等假说，也即无公司税的MM理论。该理论认为，企业权益资本成本和风险水平存在同向性，也即低负债公司的权益成本比高负债公司低，其面临的风险程度也低，因此，低成本带来的收益恰好被高风险产生权益成本上升而抵销，企业资本结构不受负债的影响，但现实中完全且充分竞争的市场是不存在的，税收和交易成本存在于企业经营的诸多环节中，因此，Modigliani和Miller在1961年对初始模型进行了修正，提出了包含税收的 MM 理论。但修订后的理论依然存在与现实不符的情形，因为企业负债虽然能够产生节税效应，也会带来财务风险，企业负债越高，经营风险越大，为此在 MM 模型基础上增加财务危机和代理成本即形成了后续的权衡理论，用于权衡节税收益优势和财务危机成本劣势。此后基于权衡理论衍生出的具有代表性影响力的理论观点，如代理成本理论、控制权和信号理论等，极大地丰富了企业融资结构和资本结构研究体系。

融资优序理论由 Myers 和 Majluf 于 1984 年提出，依据信号传递理论，该理论指出，当企业面临融资约束时，企业会优先考虑内源性融资，主要是由于企业内部融资成本低、简单直接且融资可获得性高，其自身可支配灵活性较高。该理论基于信息不对称和交易成本理论，当企业内部融资无法满足企业生产经营需求时，企业会选择外部融资方式，而外部融资方式选择过程中，企业会优先选择发放债券融资，之后才会选择股权融资。主要是由于外部融资过程中，企业需对经营信息进行披露，并且对财务报表等提供相应的评估，成本相对较高。因此，正常情形下企业最优融资顺序应遵循成本和风险较低的内源性融资，其次是风险相对较小的债券融资，最后选择股票进行融资。该理论也较为合理地解释了利润水平较高的企业的财务杠杆水平较低，其根本原因是企业具有充足的内部筹资能力，外部融资需求和所占的比例相对较低，反之，利润水平较低的企业外部融资比例相对较高（徐京平，2014）。

现实中，科技型中小企业融资也遵循融资优序理论，企业成立之初由于自身财务状况和质押物较少，企业经营所需资金主要来源于自有资金和股东投入，之后随着企业科技创新水平的不断增强，对资金需求额度逐渐增加，内源性融资已经无法支撑企业的生产研发所需，企业需向外部进行融资用于正常经营，而为了降低融资成本，提高融资的可获得性，科技型中小企业会优先选择通过担保和质押等方式，获得商业银行等金融机构的信贷支持。随着企业经营的不断完善，当企业进入成长期和成熟期时，科技型中小企业可以通过发行企业债券获得融资支持。随着企业市场占有率和经营利润水平趋于稳定，科技型中小企业会选择在新三板和主板市场上市，在获得企业资金的同时，进一步扩大企业经营业务范围，提高利润水平。

2.5 本章小结

首先，对科技型中小企业的概念、特征、融资方式以及融资机制进行界定和分析，并对本书中供应链融资的概念进行界定和阐述，梳理供应链融资的主要模式和流程，厘清研究边界和概念。其次，基于信息不对称理论、信贷配给理论、企业生命周期理论、融资结构及融资优序理论，分析科技型中小企业融资约束产生原因以及影响，从理论上阐述供应链融资在缓解科技型中小企业融资约束中的作用，为后续研究开展提供理论分析的基础及参考。

第3章 科技型中小企业融资现状与问题

3.1 引言

科技创新是推动社会发展和技术进步的重要动力，对提升区域科技发展水平和促进经济高质量发展具有重要意义。科技型中小企业作为科技创新的重要载体，持续稳定的资金是支持企业健康发展的重要保证。然而，长期以来，融资问题一直是制约企业发展的主要瓶颈之一。究其原因，一方面，由于科技型中小企业轻资产、高技术的特征，财务管理水平和透明度尚无法达到商业银行等资金提供者的要求，表现出融资渠道单一、可抵押物有限等特征，归根结底是由信用信息缺失和不对称所造成的（张玉明和王春燕，2017）；另一方面，传统融资框架下，商业银行从风险控制和收益匹配角度，缺乏对科技型中小企业贷款审核评估的针对性措施和放贷意愿，从而导致科技型中小企业资金需求和供给难以实现有效匹配。近年来，为了缓解科技型中小企业的融资难题，我国在支持科技创新和科技型中小企业融资过程中，从政策支持、融资环境和融资体系建设等方面促进科技创新水平的提高，但面临着诸多典型问题。宁夏深入推进科技金融和创新融合发展，完善科技金融贷款政策，探索建立新的科技金融合作机制，为科技型中小企业创造了良好的融资环境。然而，宁夏科技金融在服务科技型中小企业和小微企业融资过程中仍然存在不少困难和问题，如缺乏多层次科技金融服务体系和专业化的金融服务机构等（段庆林和杨巧红，2016）。本章结合实际调研，分析我国和宁夏科技型中小企业融资的现状，梳理其在融资过程中存在的主要问题，锚定后续研究目标。

3.2 我国科技型中小企业融资现状及问题

3.2.1 我国科技型中小企业融资模式演进

科技型中小企业融资模式的演进与我国宏观政策、政府职能转变和经济体制改革等密切相关，对比我国科技创新政策和融资市场改革，科技型中小企业融资模式经历了政府财政主导、商业银行主导、资本市场主导以及现有的多元化融资模式，每种模式在既定的市场环境和背景下都有其存在的意义及不足。

对于政府财政主导的科技创新融资支持，在计划经济时代，政府财政主导的融资模式，强调政府在融资过程中的主导地位，政府通过对财政资金的统筹和分配，资金重点用于支持目标行业或者企业用于生产经营和研发创新，资金的分配具有一定的行政强制性特征，且融资模式受政府财政支持的影响较大。在特定的时代背景下，我国利用财政资金重点支持国民经济和军事等重点领域的科技创新，客观上推动了我国科技创新的发展。主要是由于政府财政主导的科技融资模式能够解决企业创新的资金需求，同时提供政策的支持，充分发挥政府的协调作用，解决市场效率低下等问题。然而，在科技创新资金支持方面，政府主导的模式也存在天然的缺陷，主要表现为政府对科技创新的甄别短板，且政府决策一旦出现偏误，影响的范围及深度相对较大，且政府主导的融资模式，在支持科技创新的过程中更倾向于大型的高新技术企业，而对于科技型中小企业的支持和覆盖面则相对不足。

对于银行主导的科技信贷及融资支持模式，主要是商业银行等金融机构利用自身的规模优势，在资金的筹集和分配过程中充当科技型中小企业融资的主导角色，并且随着我国金融市场化改革的不断深化，商业银行成为中小企业融资的重要方式构成，逐步替代政府财政支持下的融资模式，而科技信贷支持逐步由政府财政主导转化为商业银行主导的融资模式。以商业银行为主体的科技型中小企业融资模式是我国金融市场化的必然结果，商业银行通过专业化的信贷支持能够提高科技型中小企业的融资效率，同时能够对信贷风险进行较为精确的管控。然而，商业银行在科技信贷支持过程中，同样存在一定的局限性。一方面，商业银行等金融机构信贷具有选择性，优质资产和项目因收益稳定和风险低等特征，成为银行信贷支持的主体，而类似科技型中小企业等经营不确定性较高且收益不稳定的信贷对象，由于可质押物少，风险高且缺乏有效的担保，商业银行和金融机构提供融资服务的意愿则相对较低。另一方面，科技信贷审核需具备一定的专业化水平，商业银行需要支付较高的融资审核成本，由于科技信贷在商业银行贷款中所占比例较小，类似专业化的科技银行数量有限，在科技型中小企业信贷服务过程中难以有效识别贷款风险，无法提供针对科技型中小企业的专业化融资服务，融资效率和企业融资可获得性较低。

对于资本市场主导的市场融资模式是现代科技型中小企业融资的重要构成，也是各国支持科技型中小企业融资的普遍做法，特别是在科技创新和研发方面，随着我国经济体制由计划经济模式向市场模式转变，金融改革也逐步实现市场化。20 世纪 80 年代后，我国逐步完善债券市场和证券市场，目前基本形成了涵盖主板、中小板、创业板以及新三板等多层级多元化的资本市场体系，极大程度地弥补了商业银行和政府财政支持的不足，特别是风险投资以及天使基金等融资支持的完善，进一步推动了我国科技型中小企业资本市场的完善和发展。以资本市场为主导的融资模式，能够充分发挥市场资金的作用，优化资金配置，拓宽科技型中小企业融资渠道。但目前相比国外发达国家，我国资本市场在支持科技创新以及科技型中小企业发展的过程中仍需进一步完善，如风险投资形式单一、资金来源渠道狭窄以及退出机制不完善等实际问题，是影响我国科技创新市场化投融资的主要原因之一。

我国科技型中小企业融资模式先后经历了政府财政主导、商业银行等金融机构主导以及资本市场主导的模式，但三种模式并非孤立存在，特别是随着现代市场化和金融创新的改革，多元化融资体系和模式已经成为支持我国科技创新和科技型中小企业发展的重要构成，以政府财政资金为引导的商业银行科技信贷模式、政府引导基金支持科技创新的融资模式以及政府财政补贴、风险补偿、担保或者税收优惠等方式，已经成为我国当前科技型中小企业融资模式的方式选择。

3.2.2　我国科技型中小企业发展及融资现状

3.2.2.1　我国科技型中小企业发展现状及特征

科技型中小企业由于其自身的特殊性和创新优势，已成为科技创新的支柱力量。我国科技型中小企业以第二或第三产业为主，主要集中在环境资源、新能源、材料、生物医药、通信技术、电子信息等领域，截至 2023 年 8 月，我国科技型中小企业服务网站显示，江苏、广东以及深圳中小企业注册数占比最为靠前，分别为 10.6 万、6.38 万以及 3.46 万家。科技型中小企业数量占全部中小企业的 1%左右，贡献了全部新产品研发数的 80%，有效发明专利数的 1/3（王伟，寇楠，李明媛，2020）。截至 2021 年底，全国科技型中小企业入库数量达到 32.8 万家，较 2020 年增长 44%。2017~2021 年，全国科技型中小企业数量从不到 3 万家增长到 32.8 万家，年均增长达 250%。与此同时，科技部对我国科技型中小企业的一项调查研究表明，企业研发投入年均增长 11%，销售收入年均增长 9.4%，利润额年均增长 13.1%①。上述数据表明，我国在推动科技创新和科技型中小企业发展中，企业经营状况和利润收入呈现良好的上升趋势。

从科技型中小企业区域分布角度看，由于我国科技型中小企业具体数量缺乏统一化统计，各地区科技型中小企业分布准确数据口径不统一。为了反映我国科技型中小企业区域分布和发展的差异，本书以 2023 年 1~10 月各地区科技型中小企业入库数量为数据表征科技型中小企业区域间差异，具体如图 3.1 所示。

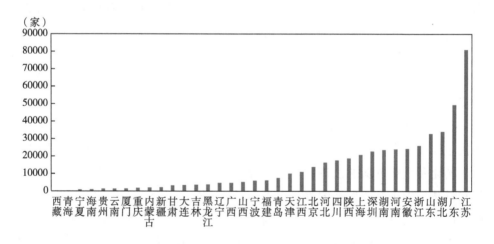

图 3.1　各地区科技型中小企业入库数量统计（2023 年 1~10 月）

可以看出，2023 年我国科技型中小企业入库数量存在较为明显的区域性差异，呈现出典型的"东高西低"的状态，其中，江苏、浙江、湖北、广东等省

---

① 支持科技型中小企业创新发展，科技部亮出硬招实招［N］. 科技日报，2022-06-07.

份入库数量较为靠前，而西藏、青海以及宁夏等西部省份新增入库数量相对较少，反映出我国科技型中小企业数量在地区分布上呈现出不均衡性。

从科技型中小企业所处行业看，同样缺乏准确的数据，考虑到新三板是我国科技型中小企业股权交易和融资的重要平台，此处以新三板数据表征科技型中小企业发展状况。截至 2022 年 12 月底，累计挂牌公司 6580 家，其中，制造业占比 49.67%，信息传输、软件和信息技术服务业占比 19.38%，科学研究和技术服务业占比 4.91%，2021 年和 2022 年各个行业新三板挂牌企业数量及占比如表 3.1 所示。

表 3.1　我国 2021 年、2022 年新三板挂牌企业行业分布情况

行业	2022 年末		2021 年末	
	家数	占比（%）	家数	占比（%）
制造业	3268	49.67	3410	49.19
信息传输、软件和信息技术服务业	1275	19.38	1351	19.49
租赁和商务服务业	341	5.18	364	5.25
科学研究和技术服务业	323	4.91	336	4.85
批发和零售业	267	4.06	293	4.23
建筑业	221	3.36	238	3.43
水利、环境和公共设施管理业	142	2.16	138	1.99
文化、体育和娱乐业	133	2.02	145	2.09
农、林、牧、渔业	129	1.96	159	2.29
交通运输、仓储和邮政业	128	1.95	130	1.88
金融业	81	1.23	84	1.21
电力、热力、燃气及水生产和供应业	80	1.22	85	1.23
教育	57	0.87	57	0.82
房地产业	45	0.68	51	0.74
卫生和社会工作	31	0.47	28	0.40
采矿业	24	0.36	23	0.33
住宿和餐饮业	22	0.33	24	0.35

行业	2022 年末		2021 年末	
	家数	占比（%）	家数	占比（%）
居民服务、修理和其他服务业	13	0.20	16	0.23
合计	6580	100.00	6932	100.00

资料来源：全国中小企业股份转让系统，统计截至 2022 年 12 月 31 日。

3.2.2.2 我国科技型中小企业融资以及供应链金融相关政策

我国政府重视科技型中小企业创新发展，近年来出台了一系列政策措施，逐渐加大对科技型中小企业的支持力度，融资政策主要体现在设立政府投资基金、发展信用担保体系、在股票市场推广设立中小企业专板等方面。政府投资基金包括国家中小企业发展基金、国家新兴产业投资基金、国家科技成果转化引导基金等，主要用于支持科研成果转化，创办科技型企业等。截至 2021 年底，全国累计设立 1990 只政府投资基金，应缴规模约 12.45 万亿元，实缴规模约 6.16 万亿元。①担保政策支持方面：各地政府在政策实施过程中主要通过发展各类中小企业信用担保机构，以政策性担保机构为主，信用担保运作方式主要是担保机构在银行和中小企业之间充当第三方，为中小企业贷款提供担保；设立中小企业信用担保风险补偿资金，对新增中小企业贷款风险进行补偿，并优先保障政策性担保机构的风险补偿需求。②资本市场服务方面：在债券市场上，推出科创票据、科创公司债等产品，推动科创型企业债券发行规模的扩大；在股票市场上，科创板、北交所、新三板的设立，拓宽了科技型企业直接融资渠道，鼓励更多的科创型企业发行上市。截至 2023 年 6 月末，科创票据、科创公司债余额约 4500 亿元，超过 1000 家"专精特新"中小企业在 A 股上市，创业投资和私募股权投资基金管理规模近 14 万亿元①。

供应链金融是中小企业的创新性融资方式。我国在支持供应链金融创新发展过程中出台了一系列相关政策，2017 年，国务院办公厅发布《关于积极推进供应链创新与应用的指导意见》（国办发〔2017〕84 号），要求人民银行、国家发改委等部门对推动供应链金融服务实体经济和有效防范供应链金融风险做出要求；2019 年，中国银保监会印发《关于推动供应链金融服务实体经济的指导意

---

① 多部门施策引金融"活水"润科技创新［EB/OL］. 中国经济网，2023-07-28.

见》（银保监办〔2019〕155 号）中提出要规范创新供应链金融业务模式，完善供应链金融业务管理体系，加强供应链金融风险管控和优化外部发展环境，对供应链金融的实施基础做出了明确的规划要求；2020 年，中国人民银行等 8 部委联合发文《关于规范发展供应链金融支持供应链产业链稳定循环和优化升级的意见》（银发〔2020〕226 号）对供应链金融发展方向、创新和基础设施建设以及风险防范进行详细的要求；2021 年政府工作报告中，首次将"创新供应链服务模式"单独提及，标志着供应链金融正式上升到国家层面，其在服务中小企业发展和缓解企业融资约束中发挥的作用也得到国家层面的肯定和认可。2022 年，《中共中央国务院关于加快建设全国统一大市场的意见》指出，发展供应链金融，提供直达各流通环节的金融产品。

3.2.2.3　我国科技型中小企业融资方式与需求

随着经济的逐步恢复，中国中小企业协会数据显示，2022 年我国中小企业融资总额达到 28.6 万亿元，同比增长 17.3%，其中，民企融资总额为 18.1 万亿元，同比增长 19.7%；国有及国有控股企业融资总额为 8.5 万亿元，同比增长 16.1%。此外，从贷款期限看，短期贷款占比较高，其中，3 个月以内贷款占总贷款的 52.9%；从贷款来源看，银行贷款仍然是中小企业融资的主要渠道。2022 年，商业银行依然是中小企业融资的主要渠道，占总贷款的 68.2%[①]。科技型中小企业方面，目前我国已经建立较为完善的科技创新和科技型中小企业融资体系，以专业化科技银行为代表的金融机构融资依然是我国科技型中小企业融资的重要来源。此外，以科技成果转化为主的政府引导基金在支持科技型中小企业融资过程中，发挥着重要作用。数据显示，截至 2021 年底，转化基金设立子基金36 只，子基金总规模 622 亿元，实现了国家引导基金中的首只本金回收上缴，带动 20 个省市设立科技成果转化引导基金，总规模约 1400 亿元。同时，为了支持初创期科技型中小企业发展，我国大力建设科技创业孵化载体，截至 2021 年底，全国科技企业孵化器、众创空间以及大学科技园等科技孵化机构总数超过 1.5 万家，各类创业孵化载体获得减免税收总额超 5.8 亿元。风险投资方面，近年来科技类风险投资得到快速发展，2022 年《中国科技统计年鉴》数据显示，截至2021 年底，全国创业风险投资机构 3568 家，累计投资项目数 31996 个，累计投

---

① 2022 年中国中小企业融资数据：融资总额及融资结构分析［EB/OL］. https://www.sxyye.com/cms/qiyerongzi/157774. html.

资金额7283亿元，按照投资项目划分，种子期和起步期项目累计占比66.1%，成长期占比37.8%。证券市场方面，以新三板为代表的股权交易市场在科技型中小企业融资过程中发挥着重要作用，截至2022年12月底，新三板上市挂牌企业6580家，总市值21181.44亿元，发行股票67.69亿股，累计获得融资额度232.28亿元，其中以制造业和信息传输、软件和信息服务业占比最高，分别为49.67%和19.49%。此外，知识产权质押以及担保融资也是我国科技型中小企业融资方式的重要构成。

3.2.3 我国科技型中小企业融资存在的问题

3.2.3.1 融资市场缺乏联动机制，企业经营管理待规范

法律法规及政策是支持科技创新和科技信贷的保障，相比国外较为全面的融资政策，我国在科技型中小企业融资政策支持方面虽进行了设计，但政策覆盖面以及落实实施仍存在较大提升空间。从资金供给端分析，我国科技型中小企业对政策性金融支持依赖性较大，而政府提供的科技型中小企业财政资金市场化机制尚不成熟，虽然政府能够以财政资金为引导，鼓励商业银行融资及撬动社会资本，但面临较高信贷风险和较低收益水平时，商业银行等金融机构参与意愿以及支持力度有限，财政资金使用效率较低，且政府、金融机构、担保机构、风险投资以及保险机构合作不够深入，缺乏联动机制，降低了融资市场的效率。从资金需求端分析，我国科技型中小企业经营能力较弱，企业研发创新水平相比发达国家仍存在差距，特别是处于初创期和成长期的企业，企业经营资金需求量较大，融资重点用于研发创新，企业不注重经营和财务规范性，导致自身难以达到政府财政资金以及商业银行等机构的资金支持条件，进而造成资金供给和需求间的不匹配，制约了科技型中小企业融资的可获得性。

3.2.3.2 科技信贷存在局限性，融资渠道相对狭窄

虽然我国建立起了较为全面的科技型中小企业融资服务体系，但仍是以商业银行为主的科技信贷模式，资本市场和风险投资市场占比较低。商业银行通过信用手段将资本集中后分配给资金需求者。实践过程中，商业银行支持科技型中小企业融资，主要通过直接组建专门的银行金融机构，如政策性银行、股份制银行以及科技银行等形式，贯彻政府政策支持科技型中小企业发展。另外，通过经济政策调节资金流向科技创新产业或者高新技术类企业。然而，我国以商业银行为主的科技信贷支持模式在金融资源配置方面仍存在缺陷。一方面，商业银行对科

技贷款支持存在一定的局限性，研究指出，多数科技型中小企业资产规模较小、缺少征信记录，资产规模和偿债能力较弱，与商业银行信贷供给存在天然的不匹配性（顾婧等，2015），致使商业银行给予科技型中小企业贷款意愿较弱，主要归结于科技型中小企业研发不确定性高风险大，在缺乏担保的情形下，商业银行更愿意选择信贷配给，或者通过提高融资成本实现风险对冲，一定程度上降低了科技型中小企业的融资可获得性；另一方面，我国专业化的科技银行处于建设探索阶段，对科技型中小企业融资服务和风险评估缺乏专业的手段和方法，也缺少专业化针对性的产品，商业银行科技信贷服务能力有待进一步提升。与此同时，我国资本市场融资尚处于探索阶段，与国外成熟市场相比仍存在一定差距。科技型中小企业想通过上市融资，需要满足资本规模、财务指标以及盈利水平等多项指标，而我国对科技型中小企业认定标准与之相比差距较大，很大程度上限制了科技型中小企业通过发行股票获得资本市场支持（王伟，寇楠，李明媛，2020）。如国家推出的创业板，除股本规模降低要求外，其余条件依然是限制科技型中小企业上市的硬性标准。此外，我国风险投资市场以及债券市场的成熟度同样难以支持企业的融资需求。

3.2.3.3　专业化金融中介缺乏，融资担保体系有待完善

相比国外完善的科技信贷支持服务，我国科技型中小企业融资缺乏专业化的融资中介服务，主要表现为知识产权融资评估以及担保体系的不完善。知识产权是科技型中小企业的重点产出，但目前我国知识产权质押法律法规以及市场不完善，相关法律咨询和人才缺乏，导致知识产权质押融资发展受限，主要体现在知识产权的评估难度大，市场交易不活跃，商业银行等金融机构缺乏对知识产权的专业化评估，导致融资成本上升。此外，知识产权具有较强的时效性，价值波动较大，导致交易风险较高，也是商业银行等金融机构参与知识产权质押融资意愿较弱的主要原因之一。此外，我国科技担保融资政策和体系尚不完善，缺乏专业化担保机构，虽然存在政府主导和支持的担保融资体系，但依然难以满足现有科技型中小企业融资担保要求，表现为信用担保机制不完善和担保机构数量有限，以及担保机构的资金规模及业务总量有限，且与金融机构间担保风险的分担比例尚未形成合理机制。研究指出，信用担保体系的有效建立是政府、金融机构和企业多方的共同参与，而我国现有科技担保体系层次不完善，水平参差不齐且数量有限，特别是政府、金融机构和担保机构的风险分担比例如何科学设定，是科技担保实施的关键，如我国政策规定，担保费率不得高于同期贷款利率的50%，导

致部分机构出现较为严重的亏损，最终选择退出。同时，再担保体系的推进进程较为缓慢，也制约了我国科技担保体系的发展。

3.3 宁夏科技型中小企业融资现状及问题

3.3.1 宁夏科技型中小企业融资政策实施

宁夏作为"一带一路"西部地区重要中心节点地区，在服务国家战略发展和对外经贸中发挥着重要作用。近年来，宁夏政府和科技主管部门在国家政策方针指导下，针对科技型中小微企业"融资难、融资贵"出台了一系列相关政策，其核心是以政府资金引导撬动社会资本，支持方式也从早期的直接投资转向以政府风险补偿、担保贷款、贴息等引导性金融支持。其中，《宁夏科技型中小微企业风险补偿专项资金管理办法》（简称《宁科贷》），"宁夏科技创新与高层次创新创业人才担保基金"（简称"科技担保基金"）应用最为广泛；如《宁科贷》主要扶持科技型中小企业，自设立以来，截至 2019 年 10 月，吸引和撬动银行发放贷款 490 家次，累计贷款额度 12.5 亿元；同时，政府出资设立宁夏科技成果转化基金，加大对重大项目科技转化的支持，推动东部地区技术的转移。此外，结合区域实际，地市一级也出台了相关的服务政策，如银川经济技术开发区牵头实施的"科技担保贷"，石嘴山出台的"财保贷"，很大程度上缓解了科技型中小企业的融资难题。

截至 2019 年底，宁夏在新三板注册企业数共计 54 家，其中创新层 6 家，基础层 48 家①。此外，宁夏科技厅按照《科技型中小企业评价办法》和《科技型中小企业评价办法工作指引（试行）》，2017 年以来，实行了科技型中小企业入库机制，截至 2019 年底，先后入库 629 家，除主动撤销 2 家和抽查撤销 3 家外，现有在库数量 624 家②。目前，宁夏在扶持科技型中小企业发展的过程中，融资主要流程是由企业提出资金需求申请，科技厅进行审批后遴选入库，并列入融资

---

① 数据来源于全国中小企业股份转让系统，http：//www.neeq.com.cn/nq/listedcompany.html。

② 数据来源于科技部火炬中心科技型中小企业服务平台，http：//www.innofund.gov.cn/zxqyfw/index.shtml。

需求库推荐至金融机构，金融机构在会同科技厅批准的基础上，为企业提供贷款，并由科技厅和财政厅提供贷款贴息、风险补偿等。这一措施能够以有限的政府资金撬动社会资本，缓解了科技型中小企业融资难的现实问题。此外，在实际操作过程中，满足科技厅融资担保政策支持的非入库中小企业，金融机构也会将该企业反向推荐给科技厅主管部门，待确认符合贷款支持条件后，再提供贷款支持，对不符合贷款要求的企业则会进行跟踪和培育。

3.3.2 宁夏科技型中小企业融资现状

3.3.2.1 宁夏科技型中小企业发展及特征

通过实际访谈和问卷调查发现，对企业发展所处的阶段而言，宁夏科技型中小企业大多数处于初创期和成长期，占比分别为 31.3% 和 56.6%，反映出宁夏科技型中小企业创立和发展时间相对较短。此外，从科技型中小企业性质分析，民营企业占据的比例最高为 62.6%，股份制企业占比 29.3%，获得宁夏行政认定的，如高新技术企业、创新型企业、科技小巨人企业等占比仅为 50.5%；对科技型中小企业类型而言，农林及农产品加工企业占比较高，电子信息和先进制造类企业占比 26.3%，高新技术服务业占比 10.1%。上述结果表明，民营企业依然是宁夏科技型中小企业的重要载体，且行政认定外的该类企业仍存在较大比例的政策未覆盖情形，在一定程度上表明有较大比例的科技型中小企业较难获得政府认证及相关补贴。

3.3.2.2 科技型中小企业融资需求分析

宁夏科技型中小企业经营过程大多数以自有资金为主，存在融资需求的科技型中小企业占比 78.8%，不存在资金需求的占比 21.2%，存在资金需求的企业中，有 34.6% 的企业融资额度在 200 万~500 万元，且 76.8% 的企业融资期限 1~4 年，占比 36.8%，而超过 2000 万元的融资额度相对较少，在一定程度上反映出，中小型科技企业对资金的需求额度相对较小，但需要通过融资进行经营的企业占比较大。在企业意向融资方式选择中，抵押贷款和担保贷款融资意愿占比最高，而融资主要用于流动资金的占比 59.6%，其次是成果转化和市场拓展，分别为 36.4% 和 44.4%，用于技术研发和中试占比为 34.3%，作为科技型企业重要融资方式的知识产权质押贷款仅占 23.2%，一定程度上反映出企业在经营过程中对资金的需求意愿比较强烈，而作为其主要产出的知识产权等成果未能发挥应有的融资作用。

面向资金约束的科技型中小企业供应链融资理论与实证研究

3.3.2.3　科技型中小企业融资渠道及方式

在企业以往的经营过程中，科技型中小企业对融资渠道的选择最关注融资成本，占比 57.7%，对融资风险和融资回报关注度较低，分别为 15.4% 和 3.8%，这符合中小企业实际过程中的融资效用，也反映出科技型中小企业贷款风险意识的薄弱。其次关注融资额度，在调查过程中，企业的融资意向首选是获得政府的资金支持，然后是商业银行贷款。而在以往的融资过程中，企业融资来源于商业银行贷款占比 59.6%，其次是自筹资金占比 54.6%，最后是政府资金占比 44.4%。可以看出，商业银行依然是科技型中小企业在缓解资金约束中的首要选择。然而，93.9% 的企业认为，从商业银行贷款存在困难，其原因主要表现在银行对企业财务状况和担保条件要求苛刻，且要求企业具有较高的信用。这反映出融资意愿和实际融资可行方式间的错位现象，且实际融资过程中，银行融资渠道难以获得有效的融资需求满足，且呈现出可行性融资渠道单一的实际情况。

3.3.2.4　科技型中小企业融资环境和政策认知

关于融资环境和状况的调查显示，81.7% 的企业认为较 3~5 年前融资状况和环境有所改善，但融资难问题尚未得到有效解决，认为依然存在融资困难的占比 70.7%；70% 以上的企业认为，政府和金融部门应进一步加大财政补贴力度，改善融资环境，拓展融资渠道。同时，应降低企业融资的门槛，增加受众企业，加快知识产权质押融资步伐，建立专业化科技型中小企业金融服务和产品，简化贷款流程。关于科技型中小企业对现有政策熟悉程度的调查发现，对列举的主要资金政策熟悉度仅有一项超过 50%，一定程度上说明科技型中小企业对政府扶持政策尚未做到全面获取和认知。

3.3.3　宁夏科技型中小企业融资存在的问题

3.3.3.1　资金支持较为集中，合理性待提升

政府资金作为引导、支持和补贴科技型中小企业发展的财政资金，有无偿分配性，但也存在一定的错位和不均衡。现有政府资金主要以风险补偿、贴息以及后补助等形式进行，在企业申报评估后，推荐至金融机构或者以资金形式予以支持，以有限资金撬动银行和社会资本，目的在于规范合理使用财政资金，很大程度上提高了财政资金的使用效率和针对性。然而，基于财政资金绩效考核的要求，政府资金主要支持具有一定科研实力和成果的企业，而对于未取得政府资格认定或者入库的企业，特别是初创型和成长型企业惠及较少。在依托项目融资过

程中，需要有前期自有资金投入，而这些企业很难从商业银行或者担保公司获得资金支持，这是长期以来科技型中小企业融资难的原因。此外，政府从企业申报遴选、评估、推荐、发放贷款过程中，存在较长时间的核验期，其贷款期限较短，企业资金使用最佳等待窗口期过后，资金很难实现有效利用。

3.3.3.2　可行性融资渠道少，融资难度较大

目前，除政府风险补偿和专项扶持外，多数科技型中小企业会选择向商业银行申请贷款，而知识产权质押、股权融资、供应链金融等方式仍难以有效实施落地，如，应收账款质押融资，核心企业基于自身信用考虑，不愿在征信中心进行登记，使得科技型中小企业应收账款等待期内面临更加严峻的资金约束，进而造成表面上存在多种渠道融资的可能，实质上可行性融资渠道单一，且难以获得融资。一方面，由于商业银行在没有政府推荐担保的情形下，不愿过多地涉足风险性高且收益不确定的科技型企业；另一方面，抛开融资成本，多数科技型企业在融资过程中，企业自身缺乏规范的财务管理流程。调研发现，目前对科技型中小企业的贷款审核评估仍在传统框架下，尚未有专门化的贷款评估体系，也缺乏专业化的科技金融人才，致使银行无法准确掌握风险敞口，会出现"惜贷""慎贷"情形，从而造成融资需求和资金供给上的不匹配，即会出现"渠道单一，融资难"。

3.3.3.3　金融服务尚待完善，缺乏专业机构

近年来，宁夏科技金融在支持科技型中小企业发展中取得了一定成效，但尚未形成多元化的科技金融服务体系。众所周知，科技型中小企业具有"重技术，轻资产"的特点，知识产权和专利是其质押融资的重要出质物。然而，目前宁夏对知识产权的认定、分类、保护、评估以及运营管理尚处于完善阶段，缺乏专业化运营公司，造成知识产权交易和转让不活跃、变现难度大。同时，受知识产权本身价值的时效性、波动性、成果转化等因素的干扰，商业银行和担保公司难以做出评估，对知识产权质押的积极性不高，造成现阶段知识产权对于企业贡献多数情况下仅体现在科技成果数量上，并未带来实质性的收益。此外，从科技金融机构建设方面，目前仅有宁夏银行成立了科技支行，且尚未出现专业化的科技担保公司，服务受众面难以满足日益增长的科技金融服务要求。此外，市场中缺乏专业权威且银行认可的科技信贷评估机构，而最终的信贷审核仍转嫁到银行和担保机构自身。面对较低的贷款收益风险比，以及缺少对科技型中小企业的分类分级信贷审查机制和专业化人才的实际状况，银行和担保公司在服务科技型中小企

业融资业务和产品创新方面动力不足，且意愿不强。

3.3.3.4 企业自身能力较弱，产业链待完善

科技型中小企业经营的不确定性，且早期缺乏对财务管理的重视和规范化，导致很难获得外部借贷和担保业务支持。长期以来，由于经济发展的区域化差异，宁夏科技创新能力存在较大提升空间，对科技型中小企业的发展规划和政策支持仍需进一步完善。截至 2019 年底，宁夏在新三板上市的科技型企业占比仅 0.6%，位列 31 省份倒数第六位，创新层仅有 6 家企业，且从挂牌企业的行业属性发现，并未形成较为明显的行业集聚，一定程度上反映出宁夏科技型企业自身能力较弱，且未形成区域性竞争优势。其原因主要是，政策导向和科技金融支持尚未对科技型企业进行分类化评估和支持，对宁夏应结合自身产业特点，重点发展和扶持何种科技型企业，仍需进一步明确，才能实现科技型中小企业的"减量增效"。此外，从产业集聚角度看，宁夏作为内陆区域产业基础薄弱，尚未形成完善的产业化生产，这也是造成科技创新和科技型企业发展相对滞后的原因。一方面，政府和金融部门对科技型中小企业的金融支持主要基于可行性项目融资，对产业链和企业的培育仍需提高；另一方面，对科技型中小企业的支持是否符合政策，以及缺乏在竞争环境下对重点行业和企业的分类差异化扶持，造成企业在获得融资后缺乏激励性和竞争性。

3.4 本章小结

本章从发展现状及特征、融资政策、融资渠道和方式等方面，对我国科技型中小企业的融资现状进行梳理和分析，得出我国科技型中小企业融资过程中存在诸如融资渠道相对狭窄、融资体系待完善等实际问题；同时，对宁夏科技型中小企业融资现状进行针对性的典型问卷调查，指出宁夏科技型中小企业在融资过程中面临的实际问题，为本书后面章节内容的开展提供了研究基础和靶向目标。

第4章 科技型中小企业融资能力评价及实证

4.1 引言

2019年8月，科技部印发《关于新时期支持科技型中小企业加快创新发展的若干政策措施》强调：加强金融资本市场对中小企业发展的支持和创业投资引导，拓宽企业融资渠道。新三板作为中小微企业的专属融资平台，由于具有成长性好和包容性强等特点，能够较好地服务于中小企业融资。考虑到财政资金的有限性和无偿性，以及银行信贷资源在大型企业和中小企业之间重新配置的实际需求，建立合理的科技型中小企业融资能力评价体系，对提高政府科技资金使用效率、优化商业银行信贷资源配给尤为必要。

企业融资能力是在一定经济条件下，可以获取资本和资金支持的能力，以及资金融通规模大小，融资能力越高，企业的价值越大（吴岩，2013）。由于科技型中小企业"高技术、重研发、轻资产"的特征，多数研究将创新能力纳入传统企业融资评价中，构建科技型中小企业融资评价指标体系，结合专家评分数据，计算指标权重，并运用模糊评价方法得出最终评价结果。孙林杰等（2007）给出较为实际的评价指标表征和计算公式，采用AHP和模糊综合评判法，结合专家评分和实际数据进行实证。沈志远和高新才（2013）利用组合赋权法计算指标权重，结合专家评分确定评价标准。刘尧飞（2014）结合理论分析，采用层次分析法计算指标权重，构建出科技型中小企业融资能力评价模型。颜赛燕

·63·

（2020）采用层次分析法计算指标权重，构建模糊综合评价模型，并结合具体企业进行实例研究。该类方法通过专家评分计算权重，对实际客观统计数据可获得性要求较低，可操作性较强，但容易出现主观判断偏误。为了避免主观判断带来的偏差，陈战波和朱喜安（2015）引入熵值法计算指标权重，对科技型中小企业创新能力进行评价。姚永鹏和刘洪秀（2018）结合科技型中小企业实际数据，运用熵值赋权法计算指标权重，并结合模糊综合评价方法对最终评价效果进行检验，具有较好的借鉴意义。

上述研究在创新能力指标表征时，忽略了政府现有科技企业政策支持导向，以及基本面要素对融资能力的影响，且多数研究是结合专家评分计算权重，缺乏客观性。因此，本章结合科技金融支持政策，引入政府行政资格认证、行业发展速率以及企业发展阶段三项指标，建立科技型中小企业融资能力评价体系，运用复合熵值法计算权重，结合宁夏新三板18家上市科技型中小企业数据进行实证，以期对政府优化科技资金配置、提高银行贷款效率以及服务科技型中小企业创新发展提供一定的借鉴参考。

4.2　科技型中小企业融资能力评价指标体系

在科技型中小企业融资过程中，其融资能力指在接受资金提供方评估后，能够获得融通资金的规模大小。在传统融资理念和模式下，为了减少贷款的风险敞口，商业银行在审核企业贷款条件时，更加注重企业经营项下的可抵押物、固定资产以及担保情况和贷后风险控制，即着眼于企业现有的融资条件和贷款风险评估。然而，对中小型科技企业而言，其财务状况和融资条件在传统融资评估框架下，即使未来具备一定的发展潜力和创新能力，也很难跨过初始"融资门槛"。因此，为了缓解这一问题，各级政府努力尝试通过财政资金投入，引导和撬动金融资本支持科技型中小企业的研发创新。

近年来，为了推动科技型中小企业健康发展，营造良好的政策环境，宁夏在科技金融政策制定、工作机制建立、资金投入方式和绩效评估方面做了诸多创新和尝试，有效缓解了科技型中小企业融资难、融资贵的问题。然而，由于多层次融资体系尚不健全，且科技型中小企业财务和风控条件尚无法满足银行的要求，因此，现有做法仍然以担保和风险补偿政策下的"推荐制"为主，也即政府科技部门或者科技园区在审核科技型中小企业的融资项目需求和企业资质认定的情形下，向金融部门推荐后开展融资授信，但仍缺乏通过考察科技型中小企业竞争力为科技型中小企业提供融资。本章在借鉴已有研究成果的基础上，结合宁夏地区科技型中小企业状况和实际调查结果，从企业基本状况、创新能力、成长能力、盈利能力、偿债能力以及营运能力六个维度，构建宁夏科技型中小企业融资能力评价指标体系。

4.2.1 指标选取及分析

4.2.1.1 企业基本情况

科技型中小企业的基本状况能够反映出其基本信息和规模，且能较为直观地判断企业的实力，用企业初始资本衡量企业规模。此外，科技型中小企业具有明显的生命周期特征，不同生命周期阶段显示出不同的经营状况和资金需求特点（徐海龙、王宏伟，2018；陈玉荣，2010）。此外，科技型中小企业所处的行业，是决定其竞争力的重要影响因素，行业发展速度越快，外部环境对科技型中小企业越有利。因此，选取企业初始资产总额、企业所属行业两个指标反映企业的基本状况，两者均为正向指标。

4.2.1.2 企业创新能力

科技型中小企业以研发和创新作为发展核心驱动力，企业研发和创新能力是该类企业持续发展和生存的根本。企业研发能力能够反映未来科技产出和技术创新水平，创新能力能够体现出研发投入的产出水平。科技型中小企业研发创新能力越强，未来市场开发和拓展能力越强。结合文献研究，从研发人员占比和研发经费投入比两个方面进行指标选择，其中，研发人员占比和研发投入比越高，企业创新能力越强，两者均判断为正向指标。

4.2.1.3 企业成长能力

企业的成长性是企业发展潜在能力的重要衡量指标之一。根据已有研究对企业成长能力的测度指标（吴岩，2013），结合科技型中小企业特点和宁夏科技型中小企业融资需求调查表统计内容，选择企业的营业收入、净资产以及总资产增长率作为宁夏科技型企业成长能力维度的指标。其中，营业收入增长率反映经营状况，净利润增长率表明企业的盈利和收益，总资产增长率反映企业增长的总体情况。显然，三者均为正向指标。

4.2.1.4 企业盈利能力

在现有融资框架下，企业在融资过程中，其财务状况是资金提供方关注的重点。企业财务状况及其透明度是企业获得融资授信的主要评价指标之一。依据调研和财务评价理论，盈利能力主要从企业利润率和净资产收益率两个方面度量，其中，企业利润率是企业经营过程中的实际利润占营业收入的比值，净资产收益率指一定时期内公司净利润与股东权益的比率。一般情况下，利润率越大，净资产收益率越高，企业盈利能力越强，因此，两者均为正向指标。

4.2.1.5 企业偿债能力

偿债能力是考察公司资产结构合理性、资本结构稳健性和持续成长能力的重要指标。偿债能力主要通过流动比率和资产负债率两个方面进行分析。流动比率主要体现较快变现的流动资产对偿还到期流动负债的保障程度，该指标如果过低则隐藏财务危机，如果过高则有可能预示着企业资产运营管理不善，资金闲置，资产的利润驱动效应不佳，因此该指标是适度指标，理论的流动比率的适度值为2；同样地，资产负债率指公司所承担的全部债务与资产总额的比率，该指标过高预示着企业破产风险加大，财务风险加大，过低预示着资产闲置或与企业的产品生产不适应，影响企业的整体获利水平，其也属于适度性指标。参考已有研究，该指标适度值选择0.6。

4.2.1.6 企业营运能力

企业的营运能力主要指企业对资本的运作能力，能够反映企业经营管理水平的高低以及资金周转水平。本章选择应收账款周转率和存货周转率两个指标进行表征，其中，应收账款周转率指一定时期内公司赊销收入与应收账款平均余额的比值，该比值越高，公司应收账款回收速度越快、产品的竞争性越强、经营管理效率越高，有利于企业的良性成长，显然属于正向指标。相应地，存货周转率能全面反映企业生产运营各个环节资金的占用及营运效率，对企业竞争力的贡献正相关，属于正向指标。

综上，可以得到科技型中小企业竞争力评价指标体系，如表4.1所示。

表4.1 科技型中小企业融资能力评价指标体系

目标	一级指标	二级指标	指标定义	指标性质	单位
科技型中小企业竞争力	基本状况 A1	初始资产总额 R1	企业注册资本	正向指标	万元
		企业所属行业 R2	所属行业发展速率	正向指标	百分比

目标	一级指标	二级指标	指标定义	指标性质	单位
科技型中小企业竞争力	创新能力 A2	研发人员占比 R3	企业研发人员数/企业员工数	正向指标	百分比
		研发经费投入比 R4	企业研发经费投入/营业收入	正向指标	百分比
	成长能力 A3	营业收入增长率 R5	本期营业收入增长额/期初营业收入	正向指标	百分比
		净利润增长率 R6	本期净利润增长额/上期净利润总额	正向指标	百分比
		总资产增长率 R7	期末总资产增长额/期初资产总额	正向指标	百分比
	盈利能力 A4	利润率 R8	年末利润总额/资产总额	正向指标	百分比
		净资产收益率 R9	本期净利润/净资产平均总额	正向指标	百分比
	偿债能力 A5	资产负债率 R10	期末负债总额/期末资产总额	适度指标	百分比
		流动比率 R11	期末流动资产/期末流动负债	适度指标	百分比
	营运能力 A6	应收账款周转率 R12	本期主营收入/应收账款平均余额	正向指标	—
		存货周转率 R13	本期主营成本/存货平均余额	正向指标	—

4.2.2 权重计算方法选择

关于科技型中小企业融资能力评价问题，基于客观性和实用性考虑，现有研究主要聚焦评价指标体系的维度设计和体系的构建，这取决于评价视角和融资能力内涵的分析。此外，各级指标权重计算的客观性和准确性，以及如何对指标进行合成是评价方法选择的依据。刘尧飞（2014）对现有评价方法进行比较，认为层次分析法能够做到充分降维，进而规避指标间的高度相关性以及权重确定的主观性。沈志远、高新才（2013）指出，每种评价方法在权重确定过程中都具有其优势，且组合赋权法是现阶段最理想的指标权重确定方法。相比而言，熵权值方法是一种基于实际数据计算的客观赋权方法，能够避免主观判断产生的偏差，通过计算指标的信息熵来刻画指标相对变化程度对系统整体的影响，即可通过评价指标值构成的权重确定矩阵计算各评价指标权重（孟宪萌等，2007；黄德春等，2015）。

熵值法确定权重主要的计算步骤：

4.2.2.1 构建判断矩阵 R

根据所建立的融资能力评价指标体系和收集整理的数据构建初始判断矩阵 R

$$R = (r_{ij})_{m \times n}, \quad (i = 1, 2, \cdots, m; j = 1, 2, \cdots, n) \tag{4.1}$$

式中，m 表示待评价的科技型企业的数量，n 表示评价的指标个数，其中，

r_{ij} 表示第 i 个企业第 j 个指标，因此，可以得到初始判断矩阵：

$$R = \begin{bmatrix} r_{11} & r_{12} & \cdots & r_{1n} \\ r_{21} & r_{22} & \cdots & r_{2n} \\ \vdots & \vdots & \cdots & \vdots \\ r_{m1} & r_{m2} & \cdots & r_{mn} \end{bmatrix} \tag{4.2}$$

4.2.2.2 数据标准化处理

将判断矩阵 R 的数据进行标准化处理，变为标准化矩阵 U。考虑到指标数据量纲不统一，且指标的含义也有差异，因此，需对初始数据进行无量纲化处理，与现有研究一致，本章采用极差法进行指标数据标准化。

式中，对于类似净资产收益率和净利润增长率的效益型指标，指标值越大，对评价结果越有利，因此，采用如下处理公式：

$$u_{ij} = \frac{r_{ij} - r_{\min}}{r_{j\max} - r_{j\min}} \tag{4.3}$$

对于成本型指标，指标值越小则评价越好，采用如下公式：

$$u_{ij} = \frac{r_{j\max} - r_{ij}}{r_{j\max} - r_{j\min}} \tag{4.4}$$

对于速动比率、资产负债率等区间型指标，采用如下公式：

$$u_{ij} = \begin{cases} \dfrac{r_{ij} - r_{j\min}}{r_0 - r_{j\min}}, & r_{ij} < r_0 \\ \dfrac{r_{j\max} - r_{ij}}{r_{j\max} - r_0}, & r_{ij} \geqslant r_0 \end{cases} \tag{4.5}$$

式中，$r_{\max}$ 和 $r_{\min}$ 分别为同一评价指标下不同事物的最满意者或最不满意者（越大越满意或越小越满意）[①]。显然，经过标准化的初始数据均处于 $[0, 1]$，也即量纲统一化。

4.2.2.3 构建概率矩阵

计算各状态的概率：

$$P_{ij} = \frac{u_{ij}}{\displaystyle\sum_{i=1}^{m} u_{ij}} \tag{4.6}$$

---

① 为了计算的可行性和便捷性，在对数据进行统一量纲化处理时，可以对数据区间进行适当浮动，由于处理规则一致，不会影响计算结果的可靠性和真实性。

计算各评价指标熵为：$H_j = -\dfrac{\sum\limits_{i=1}^{m} P_{ij}\ln P_{ij}}{\ln m}$，显然当 $P_{ij}=0$ 时，$\ln P_{ij}$ 无意义。为此，对式(4.6)计算加以修正为：

$$P_{ij} = \frac{1 + u_{ij}}{\sum\limits_{i=1}^{m}(1 + u_{ij})} \tag{4.7}$$

4.2.2.4　评价指标权重

$$W_j = (w_j)_{1\times n} = \left(\frac{1 - H_j}{n - \sum\limits_{i=j}^{n} H_j}\right)_{1\times n} \tag{4.8}$$

式中，$\sum w_i = 1$，H_j 为各评价指标的熵。

4.3　评价指标权重计算

4.3.1　数据来源及预处理

为了保证评价的客观性，本章选取宁夏回族自治区在新三板挂牌企业为研究对象，考虑到本章主要针对科技型企业，主要选择通用设备制造、医药制造、软件和信息技术服务业等8个行业的18家企业为初始样本，以中国证监会指定的信息披露网站巨潮资讯网(http://www.cninfo.com.cn/)和全国中小企业股份转让系统中(http://www.neeq.com.cn/)披露的2015~2018年年度报告为基础，进行数据收集整理。此外，关于企业所属行业的增长速度，本章结合国家统计局统计年报(2016~2018年)，以及结合中商研究院宏观数据报告(http://www.chnci.com/)选择行业增加值增长速度表征各行业2016~2018年的行业增长率，其中，考虑到软件和信息技术服务业不属于工业制造行业，选择邮政、交通和软件业统计指标下历年的软件收入增长率进行测算。此外，由于生态保护和环境治理业行业发展速度数据不在统计之列，本章用环境污染治理总投资额度进行该行业发展的测算，并对宁夏科技型中小企业融资能力进行实证研究，被选取的样本均保证财务报表的真实性及完整性。

由于通过科技型中小企业融资能力并非单一时间点的评价，商业银行等贷款提供者在审核贷款评估过程中更加注重企业一定时期内的情形，故对于静态指标取 3 年平均值，对于动态指标取 3 年平均增长率，同时对指标体系中涉及的资产负债率和流动比率两个适度性指标，适度值分别取 0.6 和 2 用于数据的初始化。此处选取的 18 家企业的相关信息如表 4.2 所示。

表 4.2　宁夏 18 家新三板科技型中小企业样本信息

序号	企业名称	社会信用代码	所属行业
1	WSL	91640000670417489E	通用设备制造业
2	WLCD	91641100750821094Q	通用设备制造业
3	ATGF	91641100694314740M	软件和信息技术服务业
4	ZHYB	91641100684245788C	软件和信息技术服务业
5	DTWL	916411007508324120	软件和信息技术服务业
6	XCRJ	91641100564124025C	软件和信息技术服务业
7	DWKJ	916411005748914988	软件和信息技术服务业
8	NXXL	91640200694345328W	化学原料和化学制品制造业
9	DWHG	91640300596210681N	化学原料和化学制品制造业
10	NXHH	916400006249012888	化学原料和化学制品制造业
11	NXSK	91640300585382242X	医药制造
12	KYYY	916411002277485589	医药制造
13	HSH	91640300799903568X	食品制造业
14	JHKJ	9164010071061228X6	食品制造业
15	YLDQ	91641100227748638W	电气机械和器材制造业
16	ANKJ	91640122799907577A	电气机械和器材制造业
17	YLT	9164110078820178XM	仪器仪表制造业
18	GFJN	91640200788229993K	生态保护和环境治理业

资料来源：根据新三板上市企业年报整理。

4.3.2　评价指标权重计算

按照选择的数据，结合熵权值方法，对宁夏中小板上市企业 18 家公司进行权值计算。考虑到数据量较大，此处，以 WSL 为例，对数据计算过程进行示例，如表 4.3 所示，其余 17 家企业均按照此步骤进行计算。

表 4.3　WSL 科技型中小企业初始数据

评价指标	数据	评价指标	数据
初始资产总额 R1	3000.0000	利润率 R10	0.0068
企业所属行业 R2	0.0787	净资产收益率 R11	0.0067
研发人员占比 R3	0.2217	资产负债率 R12	0.6651
研发经费投入比 R4	0.0489	流动比率 R13	1.4333
营业收入增长率 R5	0.1049	应收账款周转率 R14	1.3467
净利润增长率 R6	4.5911	存货周转率 R15	0.7733
总资产增长率 R9	0.0848		

表 4.3 中的数据经过式（4.3）~式（4.5）量纲统一化后可得标准化数据，如表 4.4 所示。

表 4.4　WSL 科技型中小企业标准化数据

评价指标	数据	评价指标	数据
初始资产总额 R1	0.1643	利润率 R8	0.8168
企业所属行业 R2	0.4333	净资产收益率 R9	0.8191
研发人员占比 R3	0.2657	资产负债率 R10	0.8073
研发经费投入比 R4	0.0580	流动比率 R11	0.5607
营业收入增长率 R5	0.1983	应收账款周转率 R12	0.0288
净利润增长率 R6	0.8809	存货周转率 R13	0.0000
总资产增长率 R7	0.4365		

根据式（4.6）~式（4.8）得出二级指标熵和权重值和一级指标熵和权重值，如表 4.5 所示。

表 4.5　宁夏 18 家新三板科技型中小企业竞争力评价指标熵权值计算表

一级指标	一级指标熵 Hj	一级指标权值	二级指标	二级指标熵 Hj	二级指标权值
基本状况 A1	0.9998	0.1636	初始资产总额 R1	0.9934	0.0867
			企业所属行业 R2	0.9921	0.1027
创新能力 A2	0.9997	0.2265	研发人员占比 R3	0.9930	0.0909
			研发经费投入比 R4	0.9936	0.0840

续表

一级指标	一级指标熵 Hj	一级指标权值	二级指标	二级指标熵 Hj	二级指标权值
成长能力 A3	0.9998	0.1876	营业收入增长率 R5	0.9938	0.0816
			净利润增长率 R6	0.9972	0.0365
			总资产增长率 R7	0.9938	0.0816
盈利能力 A4	0.9999	0.0406	利润率 R8	0.9967	0.0434
			净资产收益率 R9	0.9972	0.0363
偿债能力 A5	0.9997	0.3643	资产负债率 R10	0.9941	0.0765
			流动比率 R11	0.9912	0.1143
营运能力 A6	0.9999	0.1173	应收账款周转率 R12	0.9929	0.0927
			存货周转率 R13	0.9944	0.0726

由表 4.5 以及指标权重系数可以看出，科技型企业融资能力评价过程中，首要关注的是企业的偿债能力，其次是企业创新能力的贡献度，也即金融机构为科技型企业提供资金。首先考察的是其资金偿还能力，然后注重企业的创新能力，其次是基本面和成长情形，这在一定程度上也符合实际情形。

4.4　科技型中小企业融资能力评价实证分析

4.4.1　不同维度下的企业竞争排名及分析

依据科技型企业融资能力权重计算结果，结合初始数据，分别对企业涉及的 6 个一级指标进行计算，可以得到企业基本状况、创新能力、成长能力、盈利能力、偿债能力以及营运能力六个维度的竞争排名，如表 4.6 所示。

表 4.6　宁夏 18 家新三板科技型中小企业基本状况维度的计算结果与竞争排名

企业名称	所属行业	同行业排名	初始资产总额 R1	企业所属行业 R2	基本情况得分	排名
ATGF	软件和信息技术服务业	1	6965.2000	0.1305	0.0298	1
HSH	食品制造业	1	10860.0000	0.0820	0.0251	2

续表

企业名称	所属行业	同行业排名	初始资产总额 $R1$	企业所属行业 $R2$	基本情况得分	排名
NXSK	医药制造	1	6905.6000	0.1097	0.0224	3
DTWL	软件和信息技术服务业	2	7100.0000	0.1305	0.0217	4
ZHYB	软件和信息技术服务业	3	264.5350	0.1305	0.0209	5
DWKJ	软件和信息技术服务业	4	500.0000	0.1305	0.0170	6
XCRJ	软件和信息技术服务业	5	350.0000	0.1305	0.0169	7
NXHH	化学原料和化学制品制造业	1	16912.2443	0.0503	0.0164	8
YLDQ	电气机械和器材制造业	1	3000.0000	0.0880	0.0163	9
KYYY	医药制造	2	2560.0000	0.1097	0.0152	10
WSL	通用设备制造业	1	3000.0000	0.0787	0.0149	11
JHKJ	食品制造业	2	4751.0500	0.0820	0.0125	12
ANKJ	电气机械和器材制造业	2	3441.3913	0.0880	0.0125	13
DWHG	化学原料和化学制品制造业	2	4000.0000	0.0503	0.0112	14
NXXL	化学原料和化学制品制造业	3	3616.0000	0.0503	0.0109	15
WLCD	通用设备制造业	2	1400.0000	0.0787	0.0096	16
YAT	仪器仪表制造业	1	300.0000	0.0937	0.0085	17
GFJN	生态保护和环境治理业	1	300.0000	0.0390	0.0027	18

由表 4.6 可以看出，宁夏 18 家新三板挂牌的科技型中小企业中，软件和信息技术服务业行业增速最高，生态环保行业相对较慢，这与企业注册资金和行业发展增速具有较大关联。同时可以看出，行业不同企业注册资金存在较大差异。

表 4.7　宁夏 18 家新三板科技型中小企业创新能力维度的计算结果与竞争排名

企业名称	所属行业	行业排名	研发人员占比 $R3$	研发经费投入比 $R4$	创新能力得分	排名
DWKJ	软件和信息技术服务业	1	0.7096	0.7958	0.0453	1
XCRJ	软件和信息技术服务业	2	0.5034	0.3513	0.0344	2
ZHYB	软件和信息技术服务业	3	0.7467	0.1734	0.0335	3
DTWL	软件和信息技术服务业	4	0.5093	0.0288	0.0334	4
ATGF	软件和信息技术服务业	5	0.4518	0.0197	0.0293	5
ANKJ	电气机械和器材制造业	1	0.1811	0.2884	0.0260	6

续表

企业名称	所属行业	行业排名	研发人员占比 $R3$	研发经费投入比 $R4$	创新能力得分	排名
KYYY	医药制造	1	0.2873	0.1492	0.0174	7
WLCD	通用设备制造业	1	0.1948	0.0779	0.0165	8
YAT	仪器仪表制造业	1	0.2504	0.0557	0.0154	9
HSH	食品制造业	1	0.1081	0.0187	0.0130	10
YLDQ	电气机械和器材制造业	2	0.1990	0.1235	0.0110	11
NXXL	化学原料和化学制品制造业	1	0.1423	0.0484	0.0081	12
GFJN	生态保护和环境治理业	1	0.2607	0.0216	0.0072	13
WSL	通用设备制造业	2	0.2217	0.0489	0.0069	14
NXSK	医药制造	2	0.2049	0.0418	0.0054	15
NXHH	化学原料和化学制品制造业	2	0.0757	0.0042	0.0053	16
DWHG	化学原料和化学制品制造业	3	0.1832	0.0038	0.0039	17
JHKJ	食品制造业	2	0.0317	0.0029	0.0000	18

由表4.7可以看出，宁夏18家新三板挂牌的科技型中小企业中，软件和信息技术服务业行业在创新能力维度上具有明显优势，主要是因为软件信息行业更加具有轻资产、重技术的研发特征，在研发人员和经费投入方面更为突出。而处于末尾的三家企业，其生产、销售等人员占比过高，一定程度上拉低了科研人员所占比重，导致创新能力评分较低，特别是 JHKJ，该企业实质更偏重销售型企业，研发投入、专利数量以及研发人员较少，主要以生产和销售实现企业经营和利润。

表4.8 宁夏18家新三板科技型中小企业成长能力维度的计算结果与竞争排名

企业名称	所属行业	行业排名	营业收入增长率 $R5$	净利润增长率 $R6$	总资产增长率 $R7$	成长能力得分	排名
DWHG	化学原料和化学制品制造业	1	0.6416	2.5117	0.2385	0.0245	1
HFJN	生态保护和环境治理业	1	0.3897	0.7699	0.3183	0.0230	2
ZHYB	软件和信息技术服务业	1	0.8655	−0.7274	0.0960	0.0221	3
KYYY	医药制造	1	0.4377	0.0907	0.1826	0.0193	4

续表

企业名称	所属行业	行业排名	营业收入增长率 R5	净利润增长率 R6	总资产增长率 R7	成长能力得分	排名
NXKJ	医药制造	2	0.1071	1.7435	0.2421	0.0172	5
ATGF	软件和信息技术服务业	2	0.2684	0.3726	0.1485	0.0160	6
HSH	食品制造业	1	0.2520	0.2582	0.1475	0.0157	7
WLCD	通用设备制造业	1	0.4102	−10.7068	0.1834	0.0153	8
YAT	仪器仪表制造业	1	0.1478	1.3030	0.1591	0.0150	9
WSL	通用设备制造业	2	0.1049	4.5911	0.0848	0.0132	10
ANKJ	电气机械和器材制造业	1	0.1997	6.6602	0.0108	0.0129	11
DTWL	软件和信息技术服务业	3	0.1158	0.6483	0.0715	0.0116	12
NXHH	化学原料和化学制品制造业	2	0.1113	0.8504	0.0023	0.0095	13
JHKJ	食品制造业	2	−0.0832	−0.0972	0.0942	0.0094	14
YLDQ	电气机械和器材制造业	2	0.0375	−0.6806	−0.0065	0.0077	15
NXXL	化学原料和化学制品制造业	3	−0.0573	−0.1875	−0.0435	0.0055	16
DWKJ	软件和信息技术服务业	4	0.0420	−1.4727	−0.0957	0.0048	17
XCRJ	软件和信息技术服务业	5	−0.0519	−4.3348	−0.0961	0.0025	18

由表 4.8 可以看出，宁夏 18 家新三板挂牌的科技型中小企业中，多数企业营业收入呈增长状态，仅有 3 家企业营业收入增长为负值，在一定程度上表明宁夏科技型企业具有较好的市场销售和营业能力。此外，从净利润增长率分析，有 7 家企业三年平均净利润出现负增长，占比约为 38.89%，且有两家软件和信息技术服务业排名靠后，盈利能力较弱，成长性较差。

表 4.9 宁夏 18 家新三板科技型中小企业盈利能力维度的计算结果与竞争排名

企业名称	所属行业	行业排名	利润率 R8	净资产收益率 R9	盈利能力得分	排名
DWHG	化学原料和化学制品制造业	1	0.1569	0.5120	0.0027	1
NXXL	化学原料和化学制品制造业	2	0.1541	0.2189	0.0026	2
ATGF	软件和信息技术服务业	1	0.1620	0.0728	0.0025	3
YAT	仪器仪表制造业	1	0.1295	0.1966	0.0025	4

续表

企业名称	所属行业	行业排名	利润率 $R8$	净资产收益率 $R9$	盈利能力得分	排名
ZHYB	软件和信息技术服务业	2	0.1239	0.0166	0.0024	5
GFJN	生态保护和环境治理业	1	0.0935	0.1262	0.0024	6
HSH	食品制造业	1	0.0967	0.0954	0.0024	7
JHKJ	食品制造业	2	0.0752	0.1775	0.0024	8
KYYY	医药制造	2	0.0581	0.0825	0.0023	9
ANKJ	电气机械和器材制造业	1	0.0483	0.0557	0.0023	10
NXHH	化学原料和化学制品制造业	2	0.0199	0.0232	0.0023	11
WSL	通用设备制造业	1	0.0068	0.0067	0.0022	12
YLDQ	电气机械和器材制造业	2	−0.0397	−0.0285	0.0021	13
NXSK	医药制造	2	−0.0821	−0.0677	0.0020	14
DTWL	软件和信息技术服务业	3	−0.0954	−0.2012	0.0020	15
WLCD	通用设备制造业	2	−0.1730	−0.2272	0.0018	16
XCRJ	软件和信息技术服务业	4	−0.2507	−0.8618	0.0014	17
DWKJ	软件和信息技术服务业	5	−0.6856	−2.2814	0.0000	18

由表4.9可以看出，宁夏18家新三板挂牌的科技型中小企业中，12家企业利润率和净资产收益率三年平均值为正，占比约为67.67%，6家企业为负，占比33.33%，总体情况较好；且从行业角度分析，化学原料和化学制品制造业、仪器仪表制造业靠前，DWHG和NXXL两家企业盈利能力分列第1和第2位，在利润率和净资产收益率为负的6家企业中，软件和信息服务业占据3家，结合之前分析，虽然软件和信息服务行业具有较强的创新能力，但与整个行业盈利能力并不一致，对于排名靠后的两家企业XCRJ和DWKJ应给予关注，值得注意的是两家企业现已被做出特别处理（ST），避免后期经营问题而导致退市。

表4.10　宁夏18家新三板科技型中小企业偿债能力维度的计算结果与竞争排名

企业名称	所属行业	行业排名	资产负债率 $R10$	流动比率 $R11$	偿债能力得分	排名
YLDQ	电气机械和器材制造业	1	0.4119	2.0333	0.0356	1

续表

企业名称	所属行业	行业排名	资产负债率 $R10$	流动比率 $R11$	偿债能力得分	排名
YAT	仪器仪表制造业	1	0.4093	1.9900	0.0355	2
DTWL	软件和信息技术服务业	1	0.5647	1.7033	0.0353	3
NXXL	化学原料和化学制品制造业	1	0.4045	2.0667	0.0352	4
GFJN	生态保护和环境治理业	1	0.3029	2.4933	0.0294	5
DWHG	化学原料和化学制品制造业	2	0.4712	1.5167	0.0283	6
WSL	通用设备制造业	1	0.6651	1.4333	0.0279	7
HSH	食品制造业	1	0.4338	1.3733	0.0242	8
KYYY	医药制造	1	0.4991	1.1733	0.0226	9
ANKJ	电气机械和器材制造业	2	0.6373	1.0000	0.0208	10
NXSK	医药制造	2	0.5120	0.9633	0.0189	11
NXHH	化学原料和化学制品制造业	3	0.5023	0.9233	0.0178	12
ATGF	软件和信息技术服务业	2	0.2418	4.7833	0.0154	13
XCRJ	软件和信息技术服务业	3	0.8208	1.1867	0.0152	14
JHKJ	食品制造业	2	0.6389	0.7100	0.0150	15
WLCD	通用设备制造业	2	0.8050	0.9933	0.0122	16
DWKJ	软件和信息技术服务业	4	0.9378	0.8920	0.0036	17
ZHYB	软件和信息技术服务业	5	0.1116	6.8810	0.0000	18

从表4.10可以看出，宁夏18家新三板科技型中小企业的资产负债率情况不一致，但整体来看，企业资产负债率超过50%的占9家，超过80%的3家企业中，XCRJ和DWKJ分别在新三板进行的ST交易提醒，偿债能力较差；从行业角度，排名靠前的YLDQ、YAT和DTWL均属于制造业大类，具有较好的债务偿还能力。

表4.11　宁夏18家新三板科技型中小企业营运能力维度的计算结果与竞争排名

企业名称	所属行业	行业排名	应收账款周转率 $R12$	存货周转率 $R13$	营运能力得分	排名
DWHG	化学原料和化学制品制造业	1	15.5267	5.8800	0.0108	1
DWKJ	软件和信息技术服务业	1	2.9533	23.1233	0.0084	2
ZHYB	软件和信息技术服务业	2	10.3367	4.6967	0.0071	3
JHKJ	食品制造业	1	7.6600	8.0900	0.0065	4

企业名称	所属行业	行业排名	应收账款周转率 $R12$	存货周转率 $R13$	营运能力得分	排名
YAT	仪器仪表制造业	1	8.5633	4.3067	0.0059	5
DTWL	软件和信息技术服务业	3	6.6767	3.5200	0.0045	6
KYYY	医药制造	1	6.7200	2.1233	0.0041	7
XCRJ	软件和信息技术服务业	4	1.8500	11.5367	0.0040	8
HSH	食品制造业	2	6.6367	1.5933	0.0038	9
HFJN	生态保护和环境治理业	1	3.9433	4.5133	0.0031	10
NXHH	化学原料和化学制品制造业	2	4.0067	1.7500	0.0022	11
NXXL	化学原料和化学制品制造业	3	1.6967	4.3000	0.0016	12
WLCD	通用设备制造业	1	1.5733	3.0767	0.0011	13
NXSK	医药制造	2	1.8800	2.3433	0.0011	14
ATGF	软件和信息技术服务业	5	0.9267	4.0967	0.0011	15
ANKJ	电气机械和器材制造业	1	1.9433	1.9200	0.0010	16
YLDQ	电气机械和器材制造业	2	1.3733	1.8000	0.0006	17
WSL	通用设备制造业	2	1.3467	0.7733	0.0003	18

从表 4.11 可以看出，宁夏 18 家新三板科技型中小企业的应收账款和存货周转率存在较大差异，排名靠前的 3 家企业，该方面数值相对较大，说明企业周转率高，变现能力强，营运能力高；在排名靠后的企业中，两家电气机械和器材制造业与通用设备制造业均相对靠后，这与企业所处的行业和生产产品的属性特征存在密切联系，也即电气、机械和设备制造类存货周转率和应收账款周转率相对较低。

4.4.2 科技型中小企业融资能力分析

通过对宁夏科技型中小企业不同维度的评价结果汇总和分析，得出宁夏 18 家新三板挂牌的科技型中小企业不同维度的计算结果与竞争排名对比，如表 4.12 所示。

通过一级指标权重值，可以得出宁夏 18 家新三板科技型中小企业融资能力计算结果以及竞争排名如表 4.13 所示。

表4.12 宁夏18家新三板科技型中小企业不同维度的计算结果与竞争排名对比

序号	公司名称	所属行业	基本状况 结果	基本状况 及排名	创新能力 结果	创新能力 及排名	成长能力 结果	成长能力 及排名	盈利能力 结果	盈利能力 及排名	偿债能力 结果	偿债能力 及排名	营运能力 得分	营运能力 及排名
1	WSL	通用设备制造业	0.0587	11	0.0295	14	0.0838	10	0.0651	12	0.1257	7	0.0027	18
2	WLCD	通用设备制造业	0.0503	16	0.0290	8	0.0973	8	0.0529	16	0.0551	16	0.0116	13
3	ATGF	软件和信息技术服务业	0.1374	1	0.0562	5	0.1015	6	0.0739	3	0.0694	13	0.0108	15
4	ZHYB	软件和信息技术服务业	0.1025	5	0.1106	3	0.1401	3	0.0712	5	0.0000	18	0.0723	3
5	DTWL	软件和信息技术服务业	0.1381	4	0.0646	4	0.0738	12	0.0572	15	0.1587	3	0.0453	6
6	XCRJ	软件和信息技术服务业	0.1030	7	0.1028	2	0.0160	18	0.0407	17	0.0686	14	0.0408	8
7	DWKJ	软件和信息技术服务业	0.1038	6	0.1716	1	0.0302	17	0.0000	18	0.0161	17	0.0853	2
8	NXXL	化学原料和化学制品制造业	0.0301	15	0.0191	12	0.0346	16	0.0754	2	0.1584	4	0.0163	12
9	DWHG	化学原料和化学制品制造业	0.0321	14	0.0197	17	0.1557	1	0.0794	1	0.1276	6	0.1091	1
10	NXHH	化学原料和化学制品制造业	0.0993	8	0.0058	16	0.0603	13	0.0660	11	0.0800	12	0.0227	11
11	NXSK	医药制造	0.1137	3	0.0265	15	0.1089	5	0.0596	14	0.0850	11	0.0111	14
12	KYYY	医药制造	0.0911	10	0.0486	7	0.1221	4	0.0687	9	0.1016	9	0.0411	7
13	HSH	食品制造业	0.1033	2	0.0116	10	0.0996	7	0.0709	7	0.1091	8	0.0388	9
14	JHKJ	食品制造业	0.0715	12	0.0000	18	0.0597	14	0.0708	8	0.0676	15	0.0664	4
15	YLDQ	电气机械和器材制造业	0.0691	9	0.0344	11	0.0490	15	0.0623	13	0.1603	1	0.0062	17
16	ANKJ	电气机械和器材制造业	0.0714	13	0.0495	6	0.0817	11	0.0679	10	0.0936	10	0.0102	16
17	YAT	仪器仪表制造业	0.0615	17	0.0339	9	0.0952	9	0.0739	4	0.1598	2	0.0598	5
18	GFJN	生态保护和环境治理业	0.0002	18	0.0316	13	0.1461	2	0.0711	6	0.1325	5	0.0312	10

表 4.13　宁夏 18 家新三板科技型中小企业融资能力计算结果与竞争力排名

序号	公司名称	所属行业	融资能力综合得分	排名
1	DTWL	软件和信息技术服务业	0.1084	1
2	ATGF	软件和信息技术服务业	0.0941	2
3	ZHYB	软件和信息技术服务业	0.0861	3
4	HSH	食品制造业	0.0843	4
5	YAT	仪器仪表制造业	0.0828	5
6	DWNH	化学原料和化学制品制造业	0.0815	6
7	KYYY	医药制造	0.0809	7
8	DWKJ	软件和信息技术服务业	0.0790	8
9	ANKJ	电气机械和器材制造业	0.0756	9
10	XCRJ	软件和信息技术服务业	0.0744	10
11	YLDQ	电气机械和器材制造业	0.0734	11
12	GFJN	生态保护和环境治理业	0.0679	12
13	NXSK	医药制造	0.0670	13
14	WSL	通用设备制造业	0.0654	14
15	NXXL	化学原料和化学制品制造业	0.0639	15
16	WLCD	通用设备制造业	0.0567	16
17	NXHH	化学原料和化学制品制造业	0.0534	17
18	JHKJ	食品制造业	0.0459	18

　　由表 4.12 和表 4.13 计算结果分析可以得出，宁夏科技型中小企业竞争力，虽然在二级指标下竞争排名差异化较大，但综合评价具有较为明显的行业倾向性，即软件和信息技术服务行业具有较强的行业竞争优势和融资能力水平。由表 4.12 中创新能力的排名可以看出，该行业在技术创新方面具有明显的竞争优势，主要得益于技术创新成果数量和研发人员占比较高，这也突出该行业"轻资产、重技术"的特征。此外，DWKJ、XCRJ 以及 ZHYB 作为排名前三的企业，得益于具有较强的创新能力，数据收集结果显示，知识产权数量具有明显优势，2018 年三家企业的软件著作权分别高达 54、55、34 件。从软件和信息服务行业内部分析，DWKJ 和 XCRJ 位列第 8 位和第 10 位，主要原因是两家企业成长能力、偿债能力和盈利能力在 18 家企业中排名均靠末尾，这也是两家企业在上市挂牌后被特别处理的原因之一，一定程度上能够佐证本课题评价指标和评价方法的可行性和适用性。

此外，整体融资能力靠后的 5 家企业中，除去 JHKJ，化工制造和通用设备类企业占 4 家，反映出宁夏虽然在煤化工、化学原料和制造方面具备一定的产业链优势，但上市挂牌的企业整体融资能力和竞争力并不一致。同时，通用设备制造行业两家企业差异化较小，食品制造企业 HSH 和 JHKJ 差异化较大，且 JHKJ 竞争力排名末端，主要是因为企业偿债能力和创新能力较弱，集中表现在流动比率为 0.71 过低，隐藏的财务风险较高，且专利产出数量较少，2018 年累计专利数量 7 项；电器制造和医药制造行业的 4 家公司竞争力排名差异化较小，且排名均处于中间位置。

4.5　本章小结

　　科技型中小企业是推动科技创新高质量发展的重要载体。通过构建科技型中小企业融资能力评价指标体系，权重计算发现一级指标基本状况、偿债能力以及研发技术创新权重占比靠前，因此，对新三板科技型中小企业的融资能力评估，更加注重企业基本面信息、偿债能力以及创新研发能力。本章结合 18 家企业的实际数据，进行实证分析和检验，结果表明，所建立的指标体系以及权重计算结果具有一定的可行性和合理性。此外，结合选择的样本企业数据发现，新三板18 家上市企业融资能力并未出现明显的行业集聚现象，且同行业内企业融资能力得分存在较大差异，部分软件及信息服务业、生物制药以及食品行业的企业存在较强的融资能力和竞争水平。

　　因此，一方面，在新三板上市企业融资支持方面，应该结合科技发展的重点，在原有对科技型企业支持的基础上，进一步优化支持策略，扬长避短，对重点型科技型企业进行分行业贷款优先支持。依托上市公司和大型国有企业，发挥其引领带动作用，实行对新三板企业的科技创新和技术"牵引"，积极培育和发展能够对接的外围科技型企业，提升全区科技型中小企业的竞争力，打造区域科技产业链的竞争优势，形成产业、技术和行业集聚。另一方面，政府和金融机构应简化融资手续和流程，扩大科技孵化、科技型中小企业以及高新技术企业等认证覆盖面，建立竞争排名机制并实行动态评估和考核，帮助推动新三板科技型企业的产品和业务推广宣传。

第5章 科技型中小企业供应链融资模式设计与实施路径

5.1 引言

科技型企业在推动技术创新和成果转化方面具备天然优势，已成为推动社会和区域科技发展的重要承载主体。类似于一般中小企业，融资难、融资贵长期以来是制约科技型中小企业发展的瓶颈之一，且由于科技型中小企业轻资产、高风险的特征，实际融资过程中更加困难。究其原因，是科技型中小企业信用缺失和信息不对称所造成的（张玉明、王春燕，2017），金融中介更偏重资产质量好、收益风险比高的优质资源，具有明显的选择倾向；科技型中小企业财务制度不完善、信用缺失，以及信息不透明，使得金融机构难以对其进行较为准确的评估，进而造成银企间无法实现资金供给和需求的有效匹配。

为了缓解科技型中小企业融资问题，政府参与科技金融体系建设，增加科技型中小企业外部资金供给具有明显的正向性（赵家凤、朱广其，2019），并且通过风险补偿、担保以及成立引导基金等措施能够有效收窄金融中介的融资风险敞口，以政府资金引导社会资本投入。供应链金融作为一种金融创新模式，能够通过获取企业间交易和信用信息，有效降低信息不对称性（宋华等，2017），缓解中小企业面临的融资约束（张伟斌、刘可，2012）。然而，研究和实践过程中，科技型中小企业供应链融资仍需进一步探讨，主要表现在：已有研究仍在中小企业的概念下结合供应链融资模式进行论证，并未针对科技型中小企业的特点和实际，如所处发展阶段、类型及行业，特别是可行性和适用性进行讨论，所提出和设计的融资模式虽具有普遍性但针对性不足，如何构建具有实际应用价值的供应链融资模式值得进一步讨论。此外，科技型中小企业供应链融资模式的实施和应用，政府以何种方式以及如何参与，实现政府财政资金的引导性创新投入，也需要进一步明确。基于上述思考，本章结合科技型中小企业的特点，分析供应链融资缓解其融资约束的可行性，构建科技型中小企业的供应链融资模式，并从政府资金的引导性创新方面讨论该模式的实施路径，进一步丰富已有研究，以期为科技型中小企业融资提供决策参考。

5.2　科技型中小企业供应链融资模式的适用性分析

5.2.1　行业属性角度下供应链融资的适用性分析

结合政策导向和特征，科技型中小企业的行业范围主要涉及电子信息、生物制药、新材料、光机电一体化、环境与资源、新能源与高效节能、新能源汽车以及现代农业八个行业（王悦亨等，2014），呈现出技术含量和附加值高的特点，该类企业从创始到经营发展，所涉及生产要素具有明显的轻资产特征，产出更多的是以知识产权为代表的专利型产品，很难实现有形质押物，而对于知识产权质押缺乏专业规范的交易和评估，且所涉及的服务机构专业化要求高，物流企业难以发挥供应链动产质押评估监管的作用，使得"融通仓"模式难以广泛应用于科技型中小企业供应链融资。此外，科技型中小企业对原材料等有形资产需求数量和价值较低，更加注重人员、技术和研发设备等要素的投入，而这类需求具有"单次到位"特征，且科技型中小企业研发周期和产出周期长，不确定性风险大，短期内难以实现销售并获得回款，商业银行和核心企业也缺乏意愿参与"保兑仓"模式。对于科技型中小企业与核心企业之间产生的应收账款，经由核心企业确权后，可以通过向金融中介进行抵押获得资金支持，同时订单融资理论上也具备一定的适用性。此外，依托长期建立的交易信用关系，供应链上企业基于交易信用的融资模式，理论上也具备可行性，但导致核心企业承担较大的信用违约风险，仍需进行完善和优化。

5.2.2 企业生命周期角度下供应链融资的适用性分析

科技型中小企业存在明显的周期性特征，不同的生命周期阶段决定融资方式选择不同，资金需求、渠道选择以及融资风险也具有一定的差异（高松等，2011）。目前，对科技型中小企业生命周期尚未有统一划分，本章结合已有研究（章卫民等，2008），重点从种子期、初创期、发展期以及成熟期（稳健期）分析科技型中小企业的供应链特征及融资模式的适用性。①处于种子期的企业，具有强烈的知识创新特征和意愿（陈玉荣，2010），通过技术攻关实现设想或者试验性初级产品，企业尚不具备组织架构特征，创业风险高，且无市场和所属供应链的形成；②处于初创期的企业，经过技术研发和创新，主要任务是将研发成果进行转化，形成商品并进行推广，企业规模依然较小，市场占有率较低，处于"试销"阶段，尚未形成销售网络；③处于成长期的企业，技术转化成型，知识产权形成，拥有自己的产品和工艺，能够形成一定的规模化生产，融资能力增强，组织结构日趋完善，主要风险也转为市场风险，逐步建立起稳定的客户资源和供应链销售网络；④处于成熟期的企业，技术日趋完善，市场销售渠道稳定，企业追求更多的利益增长点，部分业务可能会出现外包，且具备供应链企业的特征。

5.3 政府财政引导的科技型中小企业供应链融资模式

5.3.1 政府财政资金的引导投入作用及方式

政府财政资金支持是全球解决科技型企业融资问题的普遍做法。政府提供的财政支持一定程度上能够缓解科技型中小企业的融资约束，推动科技创新。同时，政府资金的有限性和无偿性，决定了政府支持科技型企业发展应以补充引导性和选择性为主。目前，政府财政资金支持科技型企业主要采用风险补偿贷款、创新基金、政府补贴等多种形式（李希义、朱颖，2016）。其中，政府补贴是通过行政化手段实现补贴资源的再配置，能够增加企业的流动性，与企业内部资源形成互补效应，但其存在缺乏激励性以及补贴过度的情形（周文泳等，2019），而风险补偿贷款和创新基金能够以有限财政资金实现撬动社会资本投入的政策性目标，分散科技型中小企业借贷风险，从而有效支持和引导科技型企业发展。

科技型中小企业供应链融资的实施，依然需要政府财政资金的引导性支持。供应链融资是通过与核心企业信用捆绑实现对上下游中小企业的"增信"，商业银行和核心企业参与供应链融资的意愿是决定该融资模式实施的首要关键点，而影响其参与意愿的核心要素是企业的违约风险。政府财政支持的作用，在于引导和激励商业银行和核心企业参与供应链融资。政府财政支持具有行政化和技术甄别难度大的短板，并且政府过度地介入金融市场会导致金融资源错配甚至失灵（赵家凤、朱广其，2019）。因此，政府应以财政资金引导为主，联合金融担保机构，引入会计和法律事务所，积极尝试建立科技型企业保险，建立政府财政引导下多部门协同机制，目的在于分散金融中介和核心企业面临的供应链融资风险，通过政府政策支持和财政资金引导，促进供应链融资模式实施，实现政府有限资金使用效率的最大化。

5.3.2　科技型中小企业供应链融资模式构建

结合科技型中小企业的行业属性和生命周期分析，从政府财政资金引导的角度，分别基于交易订单、企业交易信用、应收账款、预付类、知识产权与风险担保、信用平台融资模式，构建科技型中小企业供应链融资模式。

5.3.2.1　基于交易订单的科技型中小企业供应链融资模式

当供应链上游科技型中小企业获得核心企业的研发或产品订单需求时，可以通过订单质押向商业银行提出贷款申请，银行在收到其申请后，需向核心企业进行确认，经过核心企业反馈确认后，理论上可以向科技型中小企业提供贷款支持。但实际过程中，商业银行和核心企业需面临科技型中小企业研发和产出不确定的风险，同时商业银行和科技型中小企业也会面临核心企业合同违约的风险。因此，为推进科技型中小企业订单融资模式，需引入政府财政引导创新支持。政府需要对中小企业的委托行为进行确认并备案，避免违约行为的发生，同时为商业银行提供贷款风险补偿及担保，促进商业银行放贷的情况下撬动银行资本，引导供应链订单融资的实施和落地，具体融资流程如图 5.1 所示。

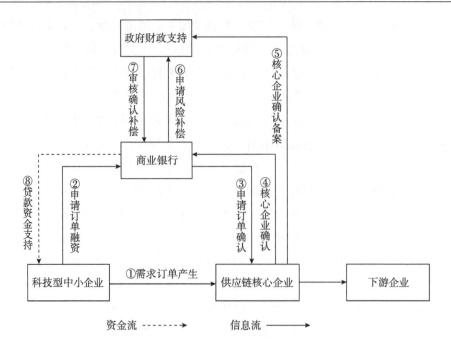

图 5.1 基于交易订单的科技型中小企业供应链融资模式

如图 5.1 所示，上游科技型中小企业与核心企业存在长期的供给需求关系，通过研发创新向核心企业提供科技类创新产品，在获得核心企业订单后，由于缺乏研发投资资金，向商业银行申请订单融资，商业银行向核心企业确认交易信息后，同时向政府财政支持部门备案。由于科技研发具有较高的风险，为了扩大业务规模和降低融资风险，商业银行可以向政府申请风险补偿，之后由商业银行向上游科技型中小企业提供科技贷款。科技型企业获得银行贷款后，组织研发生产完成订单，若能够满足核心企业订单需求，核心企业在收到订货后将订货资金直接支付到商业银行指定账户，银行扣除本金和贷款利息后，将差额资金支付给上游科技型中小企业，融资流程结束；若上游科技型中小企业未能按照订单要求如期供货，政府协助商业银行进行贷款追偿，并按照风险补偿协定给予商业银行资金补偿，融资流程结束。由以上分析可以看出，基于政府财政引导的科技型中小企业订单融资模式，能够较好地解决商业银行信贷风险，降低科技型中小企业研发创新潜在的失败导致的违约风险，既加大了商业银行的融资支持意愿，在实现交易闭环的情形下，又可以缓解科技型中小企业面临的融资约束。

5.3.2.2　基于企业交易信用的科技型中小企业供应链融资模式

当科技型中小企业处于较为稳定的供应链上游时，下游的核心企业可以将采购业务委托外包给上游企业，并以一定的销售折扣或者知识产权独享等为条件，提前支付部分或者全部研发或者订购资金。但实际交易过程中，由于核心企业的供应链主导优势和风险规避意识，缺乏对上游供给企业较长期研发生产期的资金支持意愿。因此，需要政府财政资金引导，联合担保机构和保险机构，以风险补偿或者担保的形式激励核心企业实施交易信用资金支持。也即由科技型中小企业提出提前支付申请，并将该融资需求申请至政府专项财政支持部门，政府对核心企业意愿确认后进行备案，向科技型中小企业进行反馈。同时，为担保及保险机构提供风险补偿，由担保及保险机构为核心企业提供风险担保补偿，目的是降低核心企业预付资金风险，最后由核心企业提前支付研发和生产资金，具体流程如图 5.2 所示。

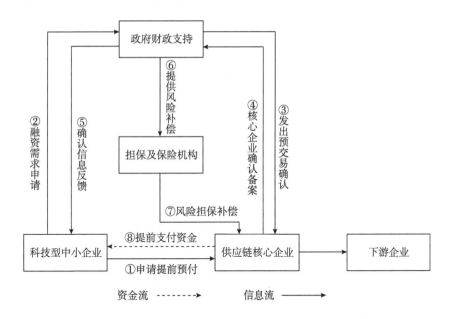

图 5.2　基于企业交易信用的科技型中小企业供应链融资模式

如图 5.2 所示，当上游科技型中小企业存在资金约束时，可以凭借长期交易积累的信用，向下游核心企业申请提前支付资金，用于生产和研发创新，并向政府财政支持机构报备融资需求申请，政府部门向核心企业进行预交易申请确认后进行备案，并向科技型中小企业反馈确认信息。同时，政府协调引入风险担保机构，用于协助核心企业对冲上游科技型中小企业生产研发失败或者延期供应的风险，在确认风险担保和补偿的前提下，由核心企业向上游科技型中小企业提供生产研发所需要的资金。同样地，若上游科技型中小企业能够按照核心企业的需求按时交货，科技型中小企业按照低于市场正常的价格折扣优先向下游核心企业进行供货；若科技型中小企业因生产研发受阻不能完成订单要求，政府机构协助核心企业进行资金追索，并按照风险担保给予资金补偿。分析可知，引入政府财政支持和担保的机制，能够分担核心企业提前支付资金的风险，鼓励核心企业支持供应链上科技型中小企业的融资需求，缓解科技型中小企业融资约束。

5.3.2.3 基于应收账款的科技型中小企业供应链融资模式

对于应收账款融资模式，科技型中小企业在交付产品至获得支付期间，会产生应收账款，理论上，科技型中小企业可以通过应收账款质押获得金融中介贷款，但实际过程中，作为债务方的核心企业不愿意进行应收账款确权，原因是应收账款确权需记入企业征信，影响核心企业信用水平。同时，商业银行较高的应收账款质押融资利率，使得应收质押贷款很难落地。因此，在政府财政资金引导下，构建核心企业"确认不确权"的应收账款供应链融资模式，即由政府和银行向核心企业确认应收账款事实的前提下，由政府财政资金以风险补偿的形式为银行提供贷款风险担保，由商业银行为科技型中小企业提供应收账款账期内的资金支持，核心企业以应付账款作为商业银行的还款来源，具体流程如图5.3所示。

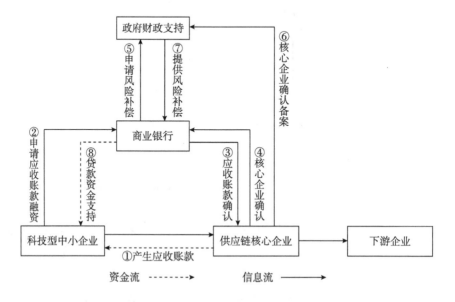

图5.3 基于应收账款的科技型中小企业供应链融资模式

如图 5.3 所示，上游科技型中小企业和供应链核心企业存在长期的交易关系，当上游科技型中小企业将研发产品供应给核心企业后，由于短时间内未获得核心企业支付的采购款而产生应收账款，为了缓解生产研发资金约束，科技型中小企业以应收账款向商业银行申请质押融资，商业银行向核心企业进行基于应收账款的债权债务关系的确认，在得到核心企业反馈后，向政府财政支持机构申请风险补偿。同时，政府要求核心企业确认后进行备案，之后由商业银行向科技型中小企业提供科技信贷支持。有别于传统意义下的应收账款质押，为了解决核心企业因确权可能带来的财务状况和声誉影响而不愿进行确权的问题，核心企业只需要在政府机构处备案即可。另外，为了鼓励商业银行提供科技型中小企业研发创新贷款，政府以财政手段为商业银行提供风险补偿，当应收账款质押期到期日前，核心企业向银行支付应收账款，且扣除融资成本后对科技型中小企业进行结算；若到期日核心企业未能如期偿还银行的应收账款，政府部门会协助商业银行向核心企业进行追索，在向核心企业追索逾期期间，可以申请政府风险补偿。该模式在很大程度上会促进科技型中小企业应收账款质押融资的实施，拓宽融资渠道。

5.3.2.4　基于预付类的科技型中小企业供应链融资模式

当处于供应链下游的科技型中小企业存在约束时，会影响研发创新过程中原材料以及零部件等的采购，如农业科技型企业生产经营和研发创新、生物制药等行业，但由于自有资金数量有限，研发创新投入资金需求量大，造成研发创新所需原材料或者半成品在订购中无法支付，影响企业经营和研发创新进度。传统供应链金融通过"保兑仓"融资模式能实现风险控制，缓解中小企业融资约束。然而，科技型中小企业的产出以知识产权、专利和科技产品为主，研发生产周期相对较长，导致销售回款速度比较缓慢，很大程度上增加了融资过程商业银行监管成本，降低其参与意愿。同时，商业银行对科技型企业生产所需的原材料剩余价值的评估以及处理存在短板，而上游核心企业进行回购能够激励商业银行参与。为了降低商业银行货物监管及存储成本，政府可以对超过一定监管和储存成本的货物，按照价值进行补贴，鼓励商业银行对科技型企业供应链融资的支持。具体流程如图 5.4 所示。

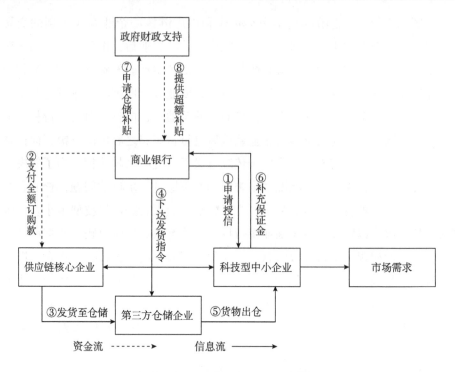

图5.4 基于预付款的科技型中小企业供应链融资模式

由图5.4可以看出,当下游科技型中小企业存在资金约束时,无法向上游核心企业支付采购款,在缴纳一定保证金的情况下,向商业银行申请专项贷款用于支付采购款,商业银行在收到保证金后直接向上游核心企业全额支付采购款,核心企业在收到采购款后,将科技型中小企业生产研发所需的原材料、零部件等存放至商业银行指定的第三方仓储企业进行保管,科技型中小企业为了获取生产所需的原材料,需要继续向商业银行补充缴纳保证金,商业银行向第三方仓储企业下达发货指令,通过控制下游科技型中小企业提货权而实现资金回笼和风险控制。若科技型中小企业能够在一定时期内缴纳保证金获得生产研发的原材料,直至存放于第三方仓储企业的货物全部出仓,并经过研发生产后实现销售,商业银行实现全部资金回笼;若生产经营发生困难或市场需求发生变化,科技型中小企业在短期内无法如期缴纳保证金,则商业银行存放于第三方仓储企业的原材料等货物存在滞留风险,而政府为了激励商业银行的参与意愿,当存储物滞留一定的天数或者达到一定价值时,政府机构可以提供一定比例的补贴,同时引导核心企业对仓储货物进行回购或者处理,降低在库原材料、零部件等货物的贬值风险,从而促进科技型中小企业预付类供应链融资模式的实施。

5.3.2.5　基于知识产权与风险担保的科技型中小企业联合供应链融资模式

当处于供应链上的中小企业存在资金约束时，类似于供应链金融库存融资模式，中小企业可将生产的原材料和库存商品等物资，放置于商业银行指定的第三方仓储，仓库对货物价值进行评估后出具质押仓单，科技型中小企业获得商业银行提供的融资。而对于科技型中小企业而言，由于其研发产出以知识产权、专利及软件著作权为主，以普通商品为辅，价值和风险较高，导致对仓储储存性功能要求相对较低，更注重对第三方价值评估、法律以及咨询等功能的要求。因此，可以尝试引入知识产权评估机构和风险担保机构，建立科技型中小企业联合供应链融资模式，用于替代第三方仓储的储存功能，完善科技型中小企业存货或者知识产权融资。具体流程如图 5.5 所示。

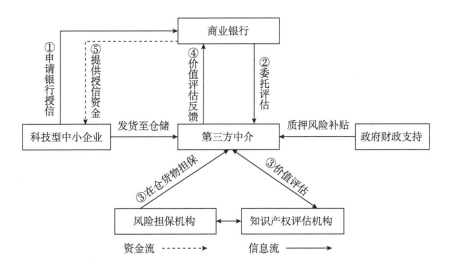

图 5.5　科技型中小企业联合供应链融资模式

由图 5.5 可知，当科技型中小企业存在滞销的库存商品或囤积的原材料时，会占用较多的营运资金，企业可以依此向商业银行申请授信，商业银行要求企业将该类质押物放置于第三方中介企业进行存贮或者价值评估，知识产权评估和风险担保机构在对科技型中小企业质押物进行评估后，向商业银行反馈评估结果和出具风险担保协议，商业银行评估后向科技型中小企业发放科技贷款用于企业正常生产研发。考虑到放置于第三方企业中的对象不仅包括原材料、零部件等有形资产，还包括软件著作权、专利等无形资产，为了发挥知识产权评估和风险担保机构的作用，同时为了鼓励商业银行接受科技型中小企业库存以及知识产权质押融资，政府对放置于第三方中介企业的质押物提供质押融资风险补贴，形成知识产权与风险担保的科技型中小企业联合供应链融资模式。

5.3.2.6　基于信用平台的科技型中小企业数字化供应链融资模式

基于大数据和数字化创新的背景，数据的资产属性越来越清晰。为了缓解科技型中小企业融资过程中，与商业银行等机构以及核心企业之间的信息不对称性，建立科技型中小企业数字化信用平台，将其与中小企业供应链融资模式进行"嫁接"，通过信息共享降低金融机构信贷风险，完善和优化供应链融资模式。科技型中小企业存在融资需求时，可以向数字化信用平台申请融资，金融机构通过数字化信息平台获取科技型中小企业经营财务信息以及历史贷款信用信息，进行风险评估和监管，向科技型中小企业发放科技贷款；同样地，核心企业在进行赊销或者提前支付采购款时，通过信用融资平台进一步对企业间信用融资风险做出更为准确的判断，降低供应链融资风险。与此同时，在依托核心企业开展融资的过程中，核心企业与商业银行能够更为准确地评估参与供应链融资的风险水平，降低多主体合作间的信息不对称水平，提升参与意愿。数字化供应链融资模式如图 5.6 所示。

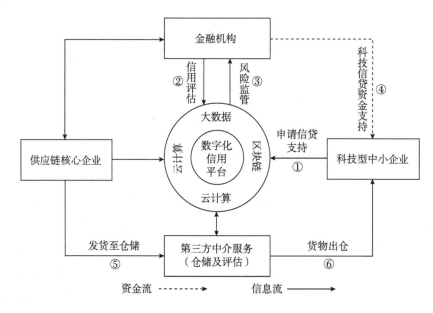

图 5.6　科技型中小企业数字化供应链融资模式

如图 5.6 所示，数字化供应链融资模式依托数字化信用平台，实现对供应链融资各参与主体的信息传递，多主体间协同。数字化供应链融资模式主要包括数字化应收账款融资模式、数字化预付款融资模式以及数字化存货质押融资模式（窦亚芹等，2020）。在主要流程中嵌入数字化信用融资平台的功能和作用，通过数字化实现对供应链金融流程和风险的监管，降低交易成本的同时，提升供应链金融覆盖面和服务效率。

5.4　科技型中小企业供应链融资实施路径

5.4.1　创新政府财政引导，健全科技型中小企业供应链融资风险担保

现有政府财政支持科技型中小企业发展，已实现由原来的直接投资和补贴逐渐转化为政府财政引导，并通过风险补偿和创新引导基金的形式，撬动社会资本和市场资金。然而，政府资金如何避免对科技创新投入甄别过程中自身存在的短板，尽可能降低资源错配，需要政府财政功能从"资金型"转变为"服务型"支持（李哲，2017），前期可采用政府财政引导的方式，如风险补偿和贴息等，后期可以尝试对政府科技资金投入进行市场化运作，即政府资金以"市场化"运作，以"股权化"形式投入，以创新基金、科技保险、风险投资以及科技担保企业为运营主体，实现政府财政资金的专业化运营，提高资金配置和使用效率（陈庆江，2017）。此外，针对科技型中小企业供应链融资模式，需要不断地结合实际需要，丰富完善现有担保和保险业务的针对性及纵深度，适当发挥政府专项财政支持的担保和保险杠杆作用，积极培育多元化担保主体，鼓励社会资本参与。同时，完善信用担保和科技保险的金融中介服务水平，提高效率和降低服务成本。

5.4.2　建立供应链核心企业目录，发展科技型中小企业供应链融资

核心企业作为供应链上的主导者，也是供应链融资的重要推动主体，能够通过长期积累的交易关系和数据，对上游科技型中小企业的研发能力、生产周期以及财务状况进行较为精准的判断。同时，核心企业除具备较高的信用水平外，还

具备较强管理能力和稳定的现金流储备，风险承受力较强。因此，对核心企业的认定和交易链条分析，是构建科技型中小企业供应链的前提，也是供应链融资模式实施的首要条件。政府作为行政引导，应类比市场主体对科技型中小企业认定和评估的标准和流程，建立科技型核心企业认定和评价标准。同时，为了激励核心企业申报和入库，前期可以给予企业一定政策补贴，后期通过建立核心企业竞争力排名，通过政策宣传和推介增加核心企业的参与度，在科技型中小企业融资过程中做好核心企业信息的收集、审核以及备案，积极建立核心企业目录。此外，可以对创业板以及新三板等上市企业的所属行业和业务需求信息进行收集整理，遴选出符合核心企业条件的企业，并完成对其所在供应链上中小企业交易关系的分析，完善政府和金融机构对科技产业供应链信息的互联互通。

5.4.3　形成供应链融资生态，提升科技型中小企业供应链融资服务

供应链融资是涉及供应链企业、金融中介、法律以及财务等咨询机构的多主体参与模式，且利益主体广泛。目前，供应链融资主要依赖于商业银行，围绕核心企业开展相应的金融业务。然而，科技型企业"轻资产、高风险"的特征，商业银行对其贷款业务意愿不强，且在缺乏政策支持、法律规范不完善情形下，不愿意过多涉及科技型中小企业供应链融资业务。因此，应发挥政府政策和财政支持的指引作用，逐步完成核心企业目录库建设，联合商业银行和担保机构进行科技型供应链融资产品开发和业务建设，初期主要围绕现有科技银行和现有担保机构，在已有基础上进行科技型中小企业供应链融资业务拓展，鼓励保险机构推行科技型中小企业的科技保险，完善科技型中小企业供应链融资的法律、会计和税收咨询服务，形成科技型中小企业供应链融资生态圈，并通过区域先试先行，逐步健全科技型中小企业供应链融资服务体系，后期逐步推进更大范围的线上线下交易。

5.4.4　加强信息化平台建设，构建多主体参与的供应链融资协同机制

供应链融资过程，制约其应用于科技型中小企业融资实践和应用的主要因素之一是商业银行等金融机构和科技型中小企业间存在信息不对称，科技型中小企业财务信息不透明，使得商业银行对其信用风险评估存在较高的成本。尝试建立科技型中小企业信用融资平台，缓解银企间的不对称性，通过信用融资平台，可以沉淀科技型中小企业融资需求以及信用等数据，通过长期积累和分析，能够有

效识别贷款信用风险。同时，信用融资平台的建设能够实现资金需求与供给的有效匹配，提高融资效率。此外，依托融资信用平台，建立知识产权质押、风险担保以及法律咨询服务等多项业务，需要政府推进融资信用平台的建设进度，加强数字化、信息化以及智能化功能建设，建立多主体参与的协同机制，以解决科技型中小企业供应链融资过程中的风险监管及信息不对称问题，通过"数智化"赋能供应链金融，实现科技型中小企业数字化供应链融资模式创新。

5.4.5　加强企业风险监管，完善科技型中小企业供应链融资信用评价

供应链融资过程中存在核心企业和科技型中小企业的违约风险，如，核心企业订单违约、科技型中小企业的还款违约，以及为了获得风险担保和贷款支持，核心企业和科技型中小企业联合"骗贷骗保"的道德风险等。因此，需要加强该方面的风险监管，对象应从对单一企业风险评估和监管逐渐向对企业间交易关系稳定性和整体风险评估转变。此外，科技型中小企业发展过程中，面临较高的技术和市场风险，信息的不对称性和隐匿行为会导致交易过程中风险评估的偏差。因此，对于科技型企业信用评估和风险，需结合科技型中小企业所属行业特征。然而，调查发现，金融中介尚未对科技型中小企业融资制定专门化的融资和风险评价体系，仍采用现有对中小企业的贷款评价模型和方法。因此，政府应积极推动建立具有针对性的分类融资评价体系和机制。同时，应建立科技型中小企业竞争和排名机制，进行公示宣传并进行奖励和政策优惠，克服以往过程中科技型企业信息统计上报的难题，激励企业积极上报融资评价所需的信息，弥补信用评价过程中的信息缺失，完善科技型中小企业信用评价体系。

5.5　本章小结

本章结合科技型中小企业定义和特点，基于科技型中小企业所处的行业和不同生命周期的特点，对供应链融资的适用性进行分析，从理论上得出具备可行性的科技型中小企业供应链融资模式。从生命周期角度分析，供应链融资主要用于成长期和成熟期的科技型企业，且并非所有供应链融资模式均适用于上述两个阶段的科技型中小企业。同时，在对政府资金引导的功能和方式进行讨论的基础

上，从实际应用角度，构建了基于交易订单、企业交易信用以及应收账款等科技型中小企业供应链融资模式，并给出具体的融资操作流程，从政府财政引导创新等方面讨论了科技型中小企业供应链融资实施路径、研究内容和结论，能够进一步细化科技型中小企业供应链融资的理论体系，推动供应链融资的实际应用。

第6章 供应链金融对科技型中小企业融资约束的影响研究

6.1 引言

科技创新是实现我国经济高质量发展的重要推动力量，科技型中小企业作为创新驱动战略实施的微观载体，其发展对提升产业链供应链韧性和安全水平至关重要。然而实践中，科技型中小企业普遍存在资金约束，严重制约着其研发创新和经营发展（刘莉，2022）。由于科技型中小企业经营规模的限制和较高的投资风险（彭璐，2022），以及"轻资产、重研发"的天然性特征，导致其难以获得融资支持，而企业财务信息不透明以及银行与企业间信息不对称（杨毅，2019），商业银行等金融机构支持中小企业缺乏内生动力。此外，对于多数科技型中小企业而言，股权融资和债券融资市场狭窄，且民间借贷存在成本高额度小的情形，加剧了企业面临的融资约束。因此，如何缓解科技型中小企业融资约束，拓宽融资渠道，对提升科技型中小企业的创新水平和企业竞争力具有重要意义。

供应链金融作为一种创新型融资方式，依托产业供应链和借助核心企业信用额度，可实现对上下游中小企业的信用穿透。商业银行等金融机构在传统科技信贷过程中，从对科技型中小企业主体信用的审核转为对供应链上下游企业之间交易关系的评估，通过闭环交易实现自偿性融资，提高科技型中小企业融资的可获得性。另外，相比传统融资模式，供应链金融对企业资产规模、信用等级等硬性条件的要求降低，更加重视企业与核心企业间良好的交易关系，突破传统信贷限制，为科技型中小企业提供新的融资途径（胡跃飞，2008；顾群，2016）。一方面，供应链金融能够提升商业银行融资服务意愿，增加科技型中小企业短期流动资金，同时，借助与核心企业间贸易关系，通过延期支付缓解订购资金约束，或通过核心企业提前支付获得生产研发的资金支持，降低资金约束可能带来的研发创新停滞的风险；另一方面，供应链金融依托企业间信用向商业银行申请信贷，企业间长期的贸易信息能够更加全面真实地反映企业经营状况，降低融资成本和信贷风险（姚王信等，2016；杨毅，2022）。然而，供应链金融在纾解科技型中小企业融资问题过程中，核心企业信用穿透力、信息传递效率以及交易信息的真实性依然是影响企业融资效率的关键（秦江波，2021）。随着区块链、大数据、人工智能等数字技术的日渐成熟，以及企业数字化进程的推进，通过对企业交易信息和信用风险等数据资源的分析，能够准确识别供应链金融风险，提高企业的供应链金融利用水平，提升金融机构与核心企业参与意愿，从而提高供应链金融服务效率（韩晓宇，2020）。但也有研究发现，企业数字化转型会占用经营现金流，增加企业成本投入（祁好英，2023）。因此，探讨数字化转型是否有助于提高供应链金融的服务效率，进而促进其缓解科技型中小企业的融资约束具有一定的理论意义。

本章通过理论分析提出研究假设，并选取 2013～2022 年深交所中小板科技企业为样本，实证检验供应链金融对科技型中小企业融资约束影响，并探讨企业数字化转型对供应链金融缓解科技型中小企业融资约束的调节效应，进一步基于异质性视角，深入剖析在不同产权性质、地理区位与行业属性下企业数字化转型的调节作用效果差异。本章丰富了现有供应链金融缓解科技型中小企业融资约束的理论框架，拓宽了研究边界，具有一定的理论意义与实践价值。

6.2 理论分析与研究假设

6.2.1 科技型中小企业融资约束

融资约束指当投资的边际收益大于边际成本，但由于无法及时获得较低成本的资金来源时而不得不中断投资项目的开展，这一现象在科技型中小企业中尤为普遍。融资约束是一种市场失灵现象，即金融体系中资金在时间和空间上配置不平衡和不充分，其产生的根源主要包括信息不对称（刘兢轶，2019）、规模歧视（陈立，2021）以及可抵押资产不足（张伟斌，2012）等。从企业内部看，科技型中小企业内源性融资有限（张秀秀，2022），且财务制度和财务管理相对不规范，无法向投资者传递真实有效的经营信息。另外，科技型中小企业固定资产比重小，可供抵押的资产少（王小腾，2022），且无形资产可抵押价值低，导致其信用水平往往不能满足信贷与担保条件。从企业外部看，相比大型企业，科技型中小企业研发风险大、资金需求频次高，金融机构面临更高的信息成本和监管成本，而且中小企业的融资规模通常较小，金融机构很难通过规模效应节约成本（韩刚，2012），只能通过提高利率和投资回报率来转嫁成本和风险补偿，提高了科技型中小企业的融资成本并进一步加剧了融资约束问题，据此提出研究假设：

H1：我国科技型中小企业面临融资约束问题。

6.2.2　供应链金融与科技型中小企业融资约束

科技型中小企业在生产、研发的过程中需要持续的资金投入，通过传统融资方式获取资金往往存在资金获取不及时、投融资期限不匹配以及融资成本高等问题，供应链金融作为一种新型的金融工具，能够通过多种方式解决科技型中小企业的融资问题，进而促进其顺利开展投资活动、缓解其融资约束。

首先，供应链金融将核心企业、第三方物流企业与金融机构等成员组成一个紧密的信用关系网络，降低了科技型中小企业与金融机构之间的信息不对称程度（张敏，2018）。其中，核心企业作为供应链中拥有核心技术并经营状况稳健的企业，掌握着供应链中生产情况、销售情况和供应链稳定性等关键信息。第三方物流公司能够向金融机构提供企业库存状况、订单履行情况等详细物流信息，为金融机构掌握企业生产经营状况提供了及时且准确的数据基础。通过核心企业与第三方物流企业的参与，使金融机构能更好地掌握科技型中小企业的实际经营状况，降低信息不对称带来的风险，从而提高了其对科技型中小企业提供信贷支持的意愿，使科技型中小企业能够及时获取用于生产、研发和经营所需的资金。

其次，传统金融模式下，银行等金融机构更多关注单个企业的财务状况，以及是否提供担保、抵押资产质量等方面，且融资流程复杂、融资产品单一，不能满足特定企业的融资需求（刘纯沙，2021）。而供应链金融关注整条供应链的运作与生产经营情况（姚王信，2017），根据行业特点、交易规则以及物流运作等方面决定融资期限、融资利率和融资额度，为供应链上下游中小企业定制化解决融资需求，可以避免延误科技型中小企业研发进程，因此供应链金融能够缓解科技型中小企业的融资约束。据此提出研究假设：

H2：供应链金融可以缓解科技型中小企业的融资约束。

6.2.3 企业数字化转型的调节作用分析

供应链金融立足于产业供应链向中小企业提供融资，经过多年的发展，在解决中小企业融资问题方面得到了广泛应用，但在实践中仍有诸多问题尚未解决，例如：中小企业经营不稳定、财务数据不完善等原因导致难以获得金融机构授信；核心企业不确权、不配合导致其对科技型中小企业的信用穿透能力有限（贾汉星，2021）。上述问题出现的根本原因是供应链金融在实际应用中的运营模式还是与传统融资方式类似，即以主体信用为基础来提供融资。理论上，供应链金融是以供应链整体、交易关系和交易结构为基础而提供融资，但这种融资机制难以在实践中有效落实，因为金融机构难以及时、全面地掌握供应链金融运营过程中的各项信息，并据此做出融资决策（周雷，2021）。换言之，信息和数据的延迟反馈以及就此造成的个体机会主义行为降低了供应链金融的运营效率。因此，企业和供应链需要充分利用数字技术来实现各个交易环节信息的可视化和可追溯性以及与各利益相关主体之间信息的互联互通和相互印证，据此建立起基于供应链整体、交易关系和交易结构的数字化信任机制，进而促进供应链金融服务科技型中小企业的有效性（周达勇，2020；宋华等，2022）。据此提出研究假设：

H3：企业数字化转型能够强化供应链金融对企业融资约束的缓解作用。

6.3 研究设计

6.3.1 样本选择与数据来源

本章选取2013~2022年科技型企业为主的深圳证券交易所中小板上市公司为研究对象。样本企业的数字化转型词频数据通过 Python 爬取样本企业财务年报获得，财务数据来自国泰安数据库（CSMAR）。为保证样本数据的客观有效，对原始数据做出以下处理：剔除金融类企业样本观测值；剔除 ST、＊ST 公司样本观测值以及退市企业的样本观测值。最终得到 5580 个样本观测值，使用 STA-TA 17.0 软件进行回归分析。

6.3.2　变量定义

6.3.2.1　被解释变量

采用 Almeida 等（2004）提出的现金–现金流敏感性描述科技型中小企业的融资约束问题，即通过观察企业现金持有量变动对企业现金流的敏感系数判断企业是否具有融资约束问题，如果敏感系数为正，则说明企业存在融资约束，且系数越大说明融资约束越严重。借鉴刘兢轶（2019）与姚王信（2017）的做法，采用企业现金持有量变动额（$\Delta Cash_{i,t}$）作为被解释变量，计算方法为企业当年现金及现金等价物的变动额除以该年末资产总额。

6.3.2.2　解释变量

解释变量为企业现金流量（$CF_{i,t}$）、供应链金融（$SCF_{i,t}$）、供应链金融与企业现金流交互项（$SCF_{i,t} \times CF_{i,t}$），数字化转型、供应链金融与现金流量的交互项（$LNDT_{i,t} \times SCF_{i,t} \times CF_{i,t}$）。其中，企业现金流量参考张敏（2018）的计算方法，利用企业当年现金及现金等价物除以年末资产总额求得；供应链金融（$SCF_{i,t}$）借鉴刘兢轶（2019）的计算方法，使用企业当年短期借款、应付票据与应付账款之和除以当年年末企业资产总额求得。

6.3.2.3　调节变量

借鉴张黎娜（2021）的做法，将企业数字化转型的词频数据加 1 后取自然对数得到调节变量企业数字化转型（$LNDT_{i,t}$）。

6.3.2.4　控制变量

根据相关研究（姚王信，2017；刘兢轶；2019），结合实证需要选取企业规模（$Size_{i,t}$）、资本支出（$Expen_{i,t}$）、非现金净营运资本变动额（$\Delta Nwc_{i,t}$）、短期负债变动额（$\Delta Sad_{i,t}$）与未来投资机会（$GR_{i,t}$）作为控制变量。变量定义如表 6.1 所示。

表 6.1　变量定义表

变量类型	变量	变量名称	变量定义
被解释变量	$\Delta Cash_{i,t}$	企业现金持有量变动额	［t 年现金及现金等价物－（$t-1$）年现金及现金等价物］/t 年末资产总额

续表

变量类型	变量	变量名称	变量定义
解释变量	$CF_{i,t}$	企业现金流量	t 年现金及现金等价物/t 年末资产总额
	$SCF_{i,t}$	供应链金融	(t 年短期借款+t 年应付票据+t 年应付账款)/t 年末资产总额
	$SCF_{i,t} \times CF_{i,t}$	供应链金融与企业现金流交互项	—
	$LNDT_{i,t} \times SCF_{i,t} \times CF_{i,t}$	数字化转型、供应链金融与现金流量的交互项	—
调节变量	$LNDT_{i,t}$	企业数字化转型	企业年报数字化转型关键词词频统计个数加 1 后取自然对数
控制变量	$Size_{i,t}$	企业规模	t 年企业资产总额的自然对数
	$Expen_{i,t}$	资本支出	(购建固定资产、无形资产和其他长期资产支付的现金-处置固定资产、无形资产和其他长期资产收回的现金)/t 年末资产总额
	$\Delta Nwc_{i,t}$	非现金净营运资本变动额	[t 年的非现金营运资本-($t-1$)年的非现金营运资本]/t 年末资产总额
	$\Delta Sad_{i,t}$	短期负债变动额	[t 年流动负债-($t-1$)年流动负债]/t 年末资产总额
	$GR_{i,t}$	未来投资机会	[t 年营业收入-($t-1$)年营业收入]/t 年末资产总额

6.3.3　实证模型

为验证假设 H1，借鉴 Almeida 等（2004）提出的现金-现金流敏感性模型，该理论认为，存在融资约束的企业需要预留充足的现金储备以应对未来可能出现的投资机会。换言之，存在融资约束的企业会具有现金-现金流敏感性，故构建基础回归模型如式（6.1）所示。

$$\Delta Cash_{i,t} = \beta_0 + \beta_1 CF_{i,t} + \beta_2 Size_{i,t} + \beta_3 Expen_{i,t} + \beta_4 \Delta Nwc_{i,t} + \beta_5 \Delta Sad_{i,t} + \beta_6 GR_{i,t} + \varepsilon_{i,t} \quad (6.1)$$

式中，$\Delta Cash_{i,t}$ 为因变量，$CF_{i,t}$ 为自变量，其余各变量为控制变量。使用全样本数据进行回归分析，若系数 β_1 显著大于 0，说明企业存在明显的现金-现金流敏感性，企业面临融资约束问题，即假设 H1 成立。

为检验假设 H2，在基础回归模型中加入自变量 $SCF_{i,t}$ 与自变量 $SCF_{i,t}$ 和 $CF_{i,t}$ 的交乘项 $SCF_{i,t} \times CF_{i,t}$，以考查供应链金融对科技型中小企业融资约束问题是否具有缓解作用，得到供应链金融缓解融资约束模型，如式(6.2)所示。使用全样本数据进行回归分析，若系数 β_3 显著小于 0，则说明供应链金融对科技型中小企业融资约束具有显著的缓解作用，即假设 H2 成立。

$$\Delta Cash_{i,t} = \beta_0 + \beta_1 CF_{i,t} + \beta_2 SCF_{i,t} + \beta_3 SCF_{i,t} \times CF_{i,t} + \beta_4 Size_{i,t} + \beta_5 Expen_{i,t} + \beta_6 \Delta Nwc_{i,t} +$$
$$\beta_7 \Delta Sad_{i,t} + \beta_8 GR_{i,t} + \varepsilon_{i,t} \tag{6.2}$$

为检验假设 H3，在供应链金融缓解融资约束模型的基础上将交乘项 $SCF_{i,t} \times CF_{i,t}$ 替换为企业数字化转型、供应链金融与现金流量的交乘项 $LNDT_{i,t} \times SCF_{i,t} \times CF_{i,t}$，构建企业数字化转型调节模型，如式(6.3)所示。若系数 β_3 显著小于 0，则说明企业数字化转型能够正向调节供应链金融对科技型中小企业融资约束的纾解作用。

$$\Delta Cash_{i,t} = \beta_0 + \beta_1 CF_{i,t} + \beta_2 SCF_{i,t} + \beta_3 LNDT_{i,t} \times SCF_{i,t} \times CF_{i,t} + \beta_4 Size_{i,t} + \beta_5 Expen_{i,t} +$$
$$\beta_6 \Delta Nwc_{i,t} + \beta_7 \Delta Sad_{i,t} + \beta_8 GR_{i,t} + \varepsilon_{i,t} \tag{6.3}$$

6.4 实证分析

6.4.1 描述性统计分析

如表 6.2 所示，企业现金持有量变动额、现金流量、企业规模、资本支出、非现金净营运资本变动额、短期负债变动额以及企业未来投资机会均存在明显差异。供应链金融的应用程度最小值为 0.0001，最大值为 0.765；企业数字化转型指标的最小值为 0，最大值为 5.9026，说明不同企业之间对于供应链金融的应用程度和数字化转型的程度存在较大差异。

表 6.2　主要变量描述性统计

变量名	观测值	均值	中位数	标准差	最小值	最大值
企业现金持有量变动额（$\Delta Cash_{i,t}$）	5580	0.0064	0.004	0.086	−0.581	2.170

续表

变量名	观测值	均值	中位数	标准差	最小值	最大值
企业现金流量（$CF_{i,t}$）	5580	0.1447	0.115	0.109	0.00230	0.785
供应链金融（$SCF_{i,t}$）	5580	0.2225	0.208	0.1375	0.0001	0.765
企业数字化转型（$LNDT_{i,t}$）	5580	2.2301	2.3062	1.2797	0	5.9026
资本支出（$Expen_{i,t}$）	5580	0.0461	0.0331	0.0473	-0.309	0.642
非现金净营运资本变动额（$\Delta Nwc_{i,t}$）	5580	0.0068	0.0051	0.0924	-0.755	0.603
短期负债变动额（$\Delta Sad_{i,t}$）	5580	0.036	0.0319	0.0948	-0.969	0.835
未来投资机会（$GR_{i,t}$）	5580	0.0613	0.0497	0.171	-2.693	2.596
企业规模（$Size_{i,t}$）	5580	22.24	22.15	0.968	19.86	26.93

6.4.2 相关性分析

根据表 6.3 可知各变量相关系数矩阵都小于 0.5，说明各解释变量间不存在明显的多重共线性问题。

表 6.3 变量的相关系数矩阵

	$\Delta Cash_{i,t}$	$CF_{i,t}$	$SCF_{i,t}$	$LNDT_{i,t}$	$Expen_{i,t}$	$\Delta Nwc_{i,t}$	$\Delta Sad_{i,t}$	$GR_{i,t}$	$Size_{i,t}$
$\Delta Cash_{i,t}$	1								
$CF_{i,t}$	0.339***	1							
$SCF_{i,t}$	0.00200	-0.343***	1						
$LNDT_{i,t}$	0.034**	0.140***	-0.009	1					
$Expen_{i,t}$	-0.103***	-0.089***	0.0120	-0.089***	1				
$\Delta Nwc_{i,t}$	-0.281***	-0.046***	-0.162***	-0.006	-0.132***	1			
$\Delta Sad_{i,t}$	0.095***	-0.0210	0.193***	0.008	0.181***	-0.421***	1		
$GR_{i,t}$	0.073***	0	0.082***	0.032**	0.112***	0.063***	0.338***	1	
$Size_{i,t}$	0.088***	-0.154***	0.226***	0.153***	0.077***	-0.043***	0.145***	0.127***	1

注：***、**、*分别表示该变量在 1%、5%、10% 置信水平上显著。

6.4.3　回归结果及分析

对面板数据进行豪斯曼检验，结果表明模型存在个体效应，适用固定效应模型，运用固定效应模型对样本数据进行回归分析，结果如表 6.4 所示。

表 6.4　供应链金融与科技型中小企业融资基准回归结果

变量	(1)	(2)	(3)	(4)	(5)	(6)
$CF_{i,t}$	0.554*** (42.601)	0.627*** (31.974)	0.650*** (33.592)	0.650*** (37.915)	0.593*** (19.173)	0.668*** (23.043)
$SCF_{i,t}$	—	0.081*** (4.432)	—	0.100*** (5.715)	0.060*** (2.189)	0.072*** (2.514)
$Ln.SCF_{i,t}$	—	—	0.251*** (14.021)	—	—	—
$SCF_{i,t} \times CF_{i,t}$	—	-0.476*** (-4.634)	-0.207*** (-2.062)	—	-0.159 (-0.980)	-0.519*** (-3.411)
$LNDT_{i,t} \times SCF_{i,t} \times CF_{i,t}$	—	—	—	-0.211*** (-7.945)	—	—
$Expen_{i,t}$	-0.373*** (-15.773)	-0.365*** (-15.424)	-0.262*** (-9.191)	-0.361*** (-13.666)	-0.376*** (-11.664)	-0.387*** (-9.712)
$\Delta Nwc_{i,t}$	-0.249*** (-22.769)	-0.245*** (-22.148)	-0.215*** (-16.659)	-0.246*** (-20.090)	-0.249*** (-15.865)	-0.240*** (-14.301)
$\Delta Sad_{i,t}$	-0.034** (-3.022)	-0.036** (-3.207)	0.041** (3.039)	-0.045** (-3.556)	-0.068*** (-4.133)	-0.003 (-0.183)
$GR_{i,t}$	0.045*** (7.516)	0.046*** (7.678)	0.037*** (5.547)	0.047*** (7.085)	0.029*** (3.443)	0.061*** (6.627)
$Size_{i,t}$	0.020*** (11.565)	0.020*** (11.728)	0.005* (2.403)	0.021***. (10.620)	0.028*** (10.285)	0.021*** (6.694)
常数项	-0.502*** (-12.884)	-0.523*** (-13.361)	-0.244*** (4.809)	-0.553*** (-12.099)	-0.676*** (-11.096)	-0.546*** (-7.772)
样本量	5580	5580	5580	5580	2884	2696
R-squared	0.2731	0.2826	0.2246	0.2609	0.2652	0.2960

注：***、**、*分别表示该变量在 1%、5%、10% 置信水平上显著，括号中为 t 统计量，下同。

为进一步检验科技型中小企业融资约束状况，对前述模型进行实证研究，表 6.4 中第（1）列结果显示 $CF_{i,t}$ 的系数为 0.554，且在 1% 置信水平上显著，该结果说明科技型中小企业存在显著的现金-现金流敏感性，即普遍存在资金约束，假设 H1 得到验证；为了检验供应链金融与科技型中小企业融资约束的关系，将现金流量与供应链金融的交乘项（$SCF_{i,t} \times CF_{i,t}$）加入基准回归模型中，表 6.4 中第（2）列系数为 -0.476，且在 1% 置信水平上显著，并将 $SCF_{i,t}$ 滞后一期项加入回归结果中，现金流量与供应链金融的交乘项（$SCF_{i,t} \times CF_{i,t}$）的回归系数为 -0.207，且在 1% 置信水平上显著，说明供应链金融能够有效缓解科技型中小企业融资约束，且随着时间的推移效果呈减弱趋势，即假设 H2 成立。此外，为了检验供应链金融与科技型中小企业融资约束间是否存在反向因果的问题，以及供应链金融是否能够在较长周期内发挥作用，将供应链金融滞后项加入模型进行回归，结果依然显著，系数为 -0.207，表明供应链金融对科技型中小企业融资约束在较长时期内存在影响，且呈现递减趋势。为了验证企业数字化在供应链金融缓解科技型中小企业融资约束中发挥的作用，引入企业数字化转型、供应链金融与现金流量（$LNDT_{i,t} \times SCF_{i,t} \times CF_{i,t}$），表 6.4 中第（4）列的系数为 -0.211，且在 1% 置信水平上显著，说明企业数字化转型能够正向调节供应链金融缓解科技型中小企业融资约束。为确保结果的稳健性，采用分组回归的方法再次验证企业数字化转型的调节作用，根据企业数字化转型水平的中位数对样本数据分成低水平组列（5）和高水平组列（6）两组。如表 6.4 所示，第（6）列的回归系数为 -0.519 较第（5）列的回归系数 -0.159 更小且更显著，说明企业数字化转型程度较高的企业中，供应链金融对融资约束的影响更大，进一步证实企业数字化能够强化供应链金融缓解科技型中小企业融资约束的作用，假设 H3 成立。

6.4.4 稳健性检验

首先，借鉴吴伟霄（2023）的做法，替换解释变量。将原回归模型中的现金流量 $CF_{i,t}$ 替换为 KZ 指数。现金流量越大，说明企业的融资约束越小；而 KZ 指数越大，代表企业面临的融资约束越大。使用 KZ 指数替换现金流量 $CF_{i,t}$，若稳健性成立，则变量 KZ 对应系数的符号应与变量 $CF_{i,t}$ 对应的符号相反。稳健性检验结果如表 6.5 所示。

表 6.5　替换解释变量的稳健性检验回归结果

变量	(1)	(2)	(3)
$KZ_{i,t}$	-0.021*** (-32.797)	-0.024*** (-24.759)	-0.023*** (-28.803)
$SCF_{i,t}$	—	0.043* (2.453)	0.059*** (3.570)
$SCF_{i,t} \times KZ_{i,t}$	—	0.018*** (4.024)	—
$LNDT_{i,t} \times SCF_{i,t} \times KZ_{i,t}$	—	—	0.004*** (3.692)
$Expen_{i,t}$	-0.431*** (-16.708)	-0.414*** (-16.015)	-0.418*** (-16.217)
$\Delta Nwc_{i,t}$	-0.312*** (-26.095)	-0.307*** (-25.458)	-0.305*** (-25.319)
$\Delta Sad_{i,t}$	-0.070*** (-5.697)	-0.078** (-6.248)	-0.078*** (-6.244)
$GR_{i,t}$	0.035*** (5.309)	0.036*** (5.426)	0.036*** (5.394)
$Size_{i,t}$	0.020*** (10.721)	0.020*** (10.827)	0.019*** (10.214)
常数项	-0.411*** (-9.713)	-0.426*** (-10.074)	-0.406*** (-9.505)
样本量	5580	5580	5580
R-squared	0.2203	0.2301	0.2303

　　在模型（1）中变量 KZ 指数的回归系数显著为负，与前文模型中现金流量显著为正的系数相反，故模型（1）通过稳健性检验；在模型（2）中，变量 KZ 指数与供应链金融的交乘项 $SCF_{i,t} \times KZ_{i,t}$ 的系数显著为正，与前文模型中现金流量与供应链金融的交乘项 $SCF_{i,t} \times CF_{i,t}$ 的系数显著为负相反，故模型（2）通过稳健性检验；在模型（3）中，数字化转型、供应链金融与 KZ 指标的交乘项（$LNDT_{i,t} \times SCF_{i,t} \times KZ_{i,t}$）显著为正，与前文数字化转型、供应链金融与现金流量的交乘项（$LNDT_{i,t} \times SCF_{i,t} \times CF_{i,t}$）的系数显著为负相反，故模型（3）也通过显著性检验。

　　其次，替换被解释变量。参考岳树民（2023）的做法，将现金-现金流敏感性模型作为主回归方法，将投资-现金流敏感性模型作为稳健性检验回归方法。构建指标投资支出（采用固定资产、无形资产和其他长期资产所支付的现金与年初总资产的比值）作为被解释变量。采用投资-现金流敏感性模型的稳健性检验结果如表 6.6 所示。

表 6.6　替换被解释变量的稳健性检验回归结果

变量	(1)	(2)	(3)
$CF_{i,t}$	0.041*** (4.947)	0.073*** (5.973)	0.067*** (6.757)
$SCF_{i,t}$	—	0.038** (3.150)	0.035** (3.210)
$SCF_{i,t} \times CF_{i,t}$	—	-0.209** (-3.240)	—
$LNDT_{i,t} \times SCF_{i,t} \times CF_{i,t}$	—	—	-0.073*** (-4.505)
$Expen_{i,t}$	1.251*** (74.849)	1.255*** (74.891)	1.255*** (74.978)
$\Delta Nwc_{i,t}$	0.015 (1.947)	0.016* (2.155)	0.016* (2.035)
$\Delta Sad_{i,t}$	0.108*** (13.502)	0.107*** (13.229)	0.105*** (13.012)
$GR_{i,t}$	0.010* (2.154)	0.010* (2.293)	0.011* (2.468)
$Size_{i,t}$	0.005*** (4.147)	0.005*** (4.338)	0.007*** (5.315)
常数项	-0.120*** (-4.466)	-0.133*** (-4.898)	-0.165*** (-5.796)
样本量	5580	5580	5580
R-squared	0.6629	0.6628	0.6619

模型（1）中现金流量（CF）的系数显著为正，故模型（1）通过了稳健性检验；模型（2）现金流量与供应链金融的交乘项（$SCF_{i,t} \times CF_{i,t}$）的系数显著为负，故模型（2）通过了稳健性检验；模型（3）企业数字化转型、供应链金融

与现金流量的交乘项（$LNDT_{i,t} \times SCF_{i,t} \times CF_{i,t}$）的系数显著为负，故模型（3）通过了稳健性检验。

最后，替换控制变量。参照现有研究成果中使用的验证方法，通过替换控制变量的方式进行稳健性检验。使用托宾 Q 值（$TBQ_{i,t}$）代替未来投资机会（$GR_{i,t}$），并进行回归验证。根据表 6.7 所示稳健性检验回归结果可知，假设依然成立。

表 6.7　替换控制变量的稳健性检验回归结果

变量	假设 H1	假设 H2	假设 H3
$CF_{i,t}$	0.556*** (42.794)	0.626*** (31.964)	0.641*** (37.593)
$SCF_{i,t}$	—	0.081*** (4.421)	0.095*** (5.413)
$SCF_{i,t} \times CF_{i,t}$	—	−0.435*** (−4.234)	—
$LNDT_{i,t} \times SCF_{i,t} \times CF_{i,t}$	—	—	−0.188*** (−7.078)
$Expen_{i,t}$	−0.370*** (−15.648)	−0.364*** (−15.350)	−0.352*** (−13.392)
$\Delta Nwc_{i,t}$	−0.228*** (−21.431)	−0.225*** (−20.889)	−0.229*** (−19.119)
$\Delta Sad_{i,t}$	−0.003 (−0.328)	−0.006 (−0.582)	−0.013 (−1.141)
$TBQ_{i,t}$	0.006*** (6.594)	0.007*** (7.033)	0.006*** (5.849)
$Size_{i,t}$	0.023*** (12.996)	0.024*** (13.441)	0.025*** (12.145)
常数项	−0.586*** (−14.375)	−0.621*** (−15.119)	−0.648*** (−13.621)
样本量	5580	5580	5580
R-squared	0.2660	0.2753	0.2499

6.5　进一步分析

从供应链融资功能角度分析，由于科技型中小企业产权性质、所处地区以及知识密集性不同，企业数字化转型的进程和接受程度也不同，供应链金融缓解企业融资约束的作用也存在差异。相比非国有企业，国有企业特殊的产权性质决定其组织结构较为复杂，数字化转型意愿和难度相对较大（罗喜英、郭伟，2023），而民营企业经营规模小，组织管理较为灵活，更迫切地需要借助数字化手段提升企业经营水平，改善企业经营状况，也即更容易实现企业数字化。此外，我国中部地区由于经济发展以及基础设施建设水平的差距，数字化发展环境和建设步伐存在东高西低的不平衡状态，且中东部地区具备更为健全的金融体系，供应链金融应用范围和覆盖面更大，为数字供应链金融应用和风险管理提供更为有利的发展环境。因此，企业数字化在供应链金融缓解东中部科技型中小企业融资约束中，能够发挥更为明显的促进作用。同时，相比于非知识密集型企业，知识密集型企业创新能力较强，更容易接受和采纳新的技术和管理模式，相比非知识密集型企业，知识密集型企业数字化转型意愿更为强烈，且企业数字化进程相对较快，企业数字化转型促进供应链金融缓解企业融资约束的作用更加显著。为检验企业数字化转型在不同企业间、不同地区以及不同知识密集型企业之间的调节作用的差异性，将全样本数据进行分组回归，并进行组内比较。

在上述三类企业中（非国有企业、东中部企业、知识密集型企业）企业数字化水平相对较高，供应链金融覆盖和应用范围相对较大，理论上供应链金融在缓解该类科技型中小企业融资约束中影响作用更为显著。为了检验供应链金融在不同企业间的异质性，将样本数据进行三次分组：首先，按照企业的实际控制人是否国有来进行分组，分为国有企业和非国有企业。其次，按照企业注册地址来进行分组，参照国家统计局对我国东中西部地区的划分标准，分为东部地区企业、中部地区企业与西部地区企业。最后，按照国家统计局《知识产权（专利）密集型产业统计分类（2019）》，分为知识密集型企业与非知识密集型企业，回归结果如表6.8所示。

表 6.8 异质性分析回归结果

变量	第一组		第二组			第三组	
	国有企业	非国有企业	东部地区	中部地区	西部地区	知识密集型企业	非知识密集型企业
$CF_{i,t}$	0.494***	0.679***	0.616***	0.639***	0.624***	0.654***	0.579***
	(8.181)	(30.247)	(27.716)	(10.335)	(10.405)	(27.783)	(15.499)
$SCF_{i,t}$	−0.020	0.106***	0.090***	0.079	0.034	0.086***	0.060
	(−0.267)	(5.146)	(4.318)	(1.666)	(0.494)	(3.923)	(1.770)
$SCF_{i,t} \times CF_{i,t}$	−0.161	−0.352***	−0.555***	−0.390	−0.225	−0.593***	−0.250
	(−0.551)	(−5.396)	(−4.725)	(−1.163)	(−0.641)	(−4.640)	(−1.388)
$Expen_{i,t}$	−0.329***	−0.368***	−0.350***	−0.317***	−0.520***	−0.347***	−0.388***
	(−4.243)	(−13.983)	(−13.287)	(−4.413)	(−6.425)	(−11.898)	(−9.192)
$\Delta Nwc_{i,t}$	−0.271***	−0.245***	−0.253***	−0.303***	−0.167***	−0.255***	−0.229***
	(−7.799)	(−19.883)	(−20.543)	(−9.833)	(−3.894)	(−19.197)	(−11.244)
$\Delta Sad_{i,t}$	−0.041	−0.037**	−0.041**	−0.062*	−0.027	−0.034*	−0.037
	(−1.103)	(−2.917)	(−3.221)	(−1.986)	(−0.611)	(−2.505)	(−1.823)
$GR_{i,t}$	0.035	0.044***	0.046***	0.047**	0.059	0.048***	0.042***
	(1.799)	(6.675)	(7.003)	(3.087)	(1.869)	(6.648)	(3.807)
$Size_{i,t}$	0.015*	0.022***	0.020***	0.029***	0.021**	0.023***	0.025***
	(2.253)	(11.308)	(10.026)	(5.942)	(3.263)	(10.739)	(6.655)
常数项	−0.397*	−0.563***	−0.514***	−0.715***	−0.519***	−0.577***	−0.621***
	(−2.532)	(−12.889)	(−11.424)	(−6.503)	(−3.625)	(−12.107)	(−7.350)
样本量	1050	4530	4260	740	580	3810	1770
R−squared	0.2414	0.3012	0.2887	0.2742	0.2816	0.3073	0.2183

由表 6.8 可知，供应链金融在缓解非国有科技型中小企业融资约束的效果方面更为明显，而在国有企业中并不显著，说明供应链金融能够有效缓解非国有科技型中小企业面临的资金约束状况。此外，供应链金融对处于东部地区科技型中小企业融资约束的影响更为显著，主要是因为东部地区供应链金融覆盖面积广，且科技型中小企业数量较多，较高的企业数字化水平，有利于发挥供应链金融的融资作用。同时，知识密集型企业中，供应链金融发挥的融资约束缓解效应愈发明显，这验证了前述的理论推断。

6.6　本章小结

本章利用 2013~2022 年深交所中小板科技型中小企业为样本进行实证分析，得出以下结论：我国科技型中小企业存在融资约束问题，即具有显著的现金－现金流敏感性，供应链金融可以有效地缓解科技型中小企业的融资约束问题，且科技型中小企业进行数字化转型能够正向调节供应链金融对其融资约束的缓解作用，根据异质性分析结果，非国有企业、东部地区企业与知识密集型企业数字化转型的调节作用更为显著。

因此，政府应制定相应的政策与法规，为企业数字化转型提供政策支持，通过为数字化转型的企业提供税收减免、财政支持或补贴等，确保网络数字化基础设施安全与优化法律环境，鼓励企业投资数字化技术与基础建设；提供数字化技术与基础设施支持，投资建设数字化技术基础设施；应发展数字化供应链金融，搭建供应链金融平台，进一步完善供应链信息体系，依托区块链、大数据技术保障供应链上相关企业的物流、信息流和资金流等相关经营数据的及时有效，提高供应链管理水平，减少科技型中小企业与金融机构的信息不对称问题，加强金融风险防控，保障供应链金融的健康发展。同时，科技型中小企业应提高自身管理水平，积极推进企业数字化转型，不断强化核心竞争力。

第7章　供应链金融对科技型中小企业融资效率的影响研究

7.1　引言

创新是推动社会生产力发展和经济结构改革的动力源泉，科技型中小企业作为创新的微观承载主体，在经济高质量发展中的作用日益凸显。由于内源性融资的有限性，企业的投资活动通常需要外部融资来提供支持，但由于信用缺失、可抵押实物资产少以及财务制度不健全等原因，科技型中小企业很难通过传统融资渠道获得足够的信贷支持，融资约束程度高且资金使用效率低下（王波，2021）。资本市场集中度高、征信方式单一，导致中小企业融资困难。然而，科技型中小企业的创新研发活动需要稳定持续的资金支持，为了缓解科技型中小企业融资约束，需要探索创新型的融资方式。近年来，供应链金融作为一种新型融资方式，在缓解供应链中小企业融资约束和优化资金流中具有优势，日益受到政府、金融机构和企业的关注。相比传统金融服务冗长复杂的信贷资金审批流程，供应链金融具有周期短和频次高的特点，不仅避免了科技型中小企业因资金问题耽误研发及生产进程，也提高了"投入产出"的转化效率（余得生、杨礼华，2022）。

现有关于供应链金融对企业微观主体影响的研究，主要从信息不对称角度出发，聚焦供应链金融如何缓解融资约束和降低融资成本（姚王信等，2016；杨毅，2022）。然而，融资活动不仅是资金在企业间的配置过程，也是在企业内部的价值转化与增值过程。因此，融资方案的选择，除资金的获取成本外，仍需考虑资金使用效率，这可视为企业参与和开展供应链金融活动的基本前提和绩效检验工具。融资效率是融资成本、融资收益以及融资风险等多方面的治理效应，能够反映资金的筹集和使用效率，有利于科技型中小企业持续开展创新投资活动、提高核心竞争力和企业价值（吴翌琳、黄实磊，2021）。因此，可以以融资效率为导向检验供应链金融服务中小企业的有效性。

由于企业间内外部环境的差异，供应链金融对科技型中小企业融资效率的影响可能存在复杂的作用机制，其中，会计信息质量作为企业治理能力的重要体现，是影响融资工具发挥作用的重要因素（卢强等，2019），进而能够影响供应链金融服务的效率。会计信息质量和供应链金融，对提升企业融资效率都有显著影响（徐佳，2020）。那么对于提升科技型中小企业融资效率，二者间存在怎样的交互作用，替代还是互补？即关于科技型中小企业的融资问题，在供应链融资的场景中，会计信息质量会产生什么影响？此外，供应链金融是一种基于产业生态的新型融资工具，对企业融资和经营发展等有多方面的影响，在融资效率的影响过程中可能存在多个作用渠道，有必要在验证供应链金融对科技型中小企业融资效率的影响效果的基础上，进一步分析影响过程中的潜在渠道，通过实证分析检验供应链金融能否通过缩短营运资金周期和提高研发投入，最终影响企业的融资效率。为了回答上述问题，本章以科技型中小企业为研究对象，实证检验供应链金融与融资效率间的关系，探讨供应链金融对科技型中小企业融资效率的影响渠道，进一步丰富供应链金融在微观层面经济后果的相关研究。

7.2 理论分析与研究假设

7.2.1 关系分析

供应链金融的相关研究从最初只关注融资功能，逐渐拓展到资金的使用和流转周期、企业研发创新以及风险承担等方面的影响（凌润泽等，2021）。供应链金融是基于产业供应链的综合性金融服务，是面向供应链成员企业提供的系统性融资安排，对融资效率的影响分别体现在融资成本、融资收益和融资风险三个方面：首先，通过优化跨公司边界的融资拓宽了融资渠道，也降低了资金的获取成本；其次，通过金融资源与产业资源的协调运作，提高了资金的使用效率（宋华等，2021）；最后，基于自偿性、封闭性的资金运作，供应链金融可以对融资风险进行有效管控。具体而言，供应链金融以供应链企业间交易关系为前提，通过将金融资源融入产业生态中，打破传统信用贷款和依赖不动产抵押的融资模式的限制，从而拓宽企业融资渠道、降低企业融资成本。此外，在提高融资绩效的同时，供应链金融通过长期伙伴合作网络形成开放式的信息资源共享模式，为成员企业提供了动态数据变化预测，从而加快上下游企业之间的信息、资金等要素的流动。不仅优化了供应链运营（李娟等，2021），也促进了科技型中小企业的创新产出和产品市场竞争力提升（潘爱玲等，2021），从而实现产业效益与金融效益之间的乘数效应。与此同时，在数字化技术创新背景下，供应链金融基于在线信息共享和业务的自偿性信贷，能够有效追踪不同业务和不同阶段的现金流，实现了风险的隔离与管控。根据以上分析，科技型中小企业通过供应链金融活动不仅可以获得资金支持，通过降低边际融资成本来提高资金的筹集效率，也促进了对融入资金的高效利用（Federico Caniato et al.，2016）。据此提出以下假设：

H1：供应链金融提升了科技型中小企业的融资效率。

7.2.2 渠道分析

根据假设 H1，供应链金融对科技型中小企业融资效率的影响存在多种间接效应，因此有必要继续探讨可能的影响渠道。企业的融资效率指企业以最小成本获取且高效利用有限的资金，包括资金融入效率和企业资金使用效率（伍光明，2021）。因此，对于科技型中小企业，融资效率的高低不仅取决于资金的获取成本，也依赖企业对营运资金的管理水平（徐晓慧、朱和平，2015）。此外，企业研发活动的开展需要及时、有效的上下游供需信息和持续稳定的资金来源，而研发创新对中小企业获取竞争优势，以及提高企业的融资效率等方面具有正向作用（王巍，2019），基于此考虑营运资金周期管理和研发投入这两个潜在的影响渠道。

7.2.2.1 营运资金周期管理

营运资金周期越短，用于经营性活动的现金流转速度越快，企业越可以快速进入下阶段的生产销售。对营运资金的管理影响着企业对各种资源的配置效率和管理能力，进而直接影响企业整体的绩效水平（徐晓慧、朱和平，2015），特别是对于具有发展潜力和投资机会，但却受到现金流制约的中小企业。供应链运营涵盖了从上游供应商采购商品产生应付账款，到向下游经销商分销商品产生应收账款，到收到现金的全过程，这一过程产生的现金缺口是供应链运营过程的一大难题。通过金融与生产经营的结合，供应链金融服务能够实现资金流、信息流等供应链管理要素的协同优化（宋华，2022）。科技型中小企业在供应链金融活动中获取到了及时的资金和有效的市场信息，从而实现优化供应链运营和提升企业管理水平，既加快了金融资源在供应链中的流动速度，也缩短了企业营运资金周期，实现了金融与管理活动的效益最大化（兰素英、于敏，2019；李明娟、曲明明，2021），最终提高在持续经营过程中对资金的使用效率。据此提出以下假设：

H1a：供应链金融可以通过缩短营运资金周期提高科技型中小企业融资效率。

7.2.2.2 研发投入

资源依赖理论认为，企业的生存发展需要从外部获取必要的资金和信息等资源，作为科技型中小企业生存发展的主要动力，研发创新不仅需要企业高水平的战略管理，也依赖于持续的资金投入以及上下游之间的生产要素流动才能保证研发成果的变现，创新项目的突然中断和再延续会给企业带来巨大损失（张嘉望等，2022）。因此，企业的研发活动需要持续稳定的资金投入和供应链上各管理要素的有效协同。传统金融的审批流程长，存在期限长、金额错配以及交易流程难以追溯导致的风险控制难题，供应链金融作为一种嵌入产业生态中的融资工具，具有一定的连续性，能够为科技型中小企业提供及时、持续以及稳定的资金来源，拓宽了企业的融资渠道，避免了因资金链断裂导致的研发中断问题。此外，供应链金融不仅能够保证研发活动的顺利开展，避免由于运营资金的短缺阻碍研发投入，还可以加强供应链企业间的联系，加快创新要素的流动，进而提高企业对供应链信息资源的运用效率（高劲、宋佳讯，2022）。在此基础上，基于互联网的线上供应链金融平台能够为企业提供及时、动态的供需数据，有助于企业及时了解市场需求并展开研发活动，提升科技型中小企业的创新产出和产品市场竞争力（凌润泽，2021），进而提高企业融资效率。据此提出以下假设：

H1b：供应链金融通过促进科技型中小企业增加研发投入提高融资效率。

7.2.3 机制分析

外部利益相关者与企业内部管理层存在信息不对称的问题，会引起道德风险和代理成本的增加，不利于市场的有效运行。会计信息可以为投资者、债权人和供应链合作方等利益相关者提供决策支持，通过缓解信息不对称进而降低交易成本。然而，由于应计制的核算原则，会计信息也成为管理层利用会计政策和会计估计进行盈余管理的工具。高质量的会计信息可以约束管理层的行为，提高资本市场的有效性（王嘉鑫等，2020），缓解企业与债权人、投资者之间的信息不对称，以及降低逆向选择等道德风险，进而降低权益资本成本和债务资本成本。此外，会计信息可以反映企业的经营状况，企业通过财务报告等方式，可以传递会计信息到产品和要素市场，减少信息摩擦，不仅降低了来自客户、供应商以及员工等多方面的交易成本，也帮助供应链企业及时了解到产品的供应与需求状况，进行销售预测和生产计划，进而提高资金流、信息流等供应链管理要素之间的协调优化，促进公司间资源的有效分配（Hann et al.，2020）。随着供应链金融的线上化和平台化，供应链各参与方对风险的防控需要企业具备一定的会计信息标准化水平（吕广仁、王东，2018），供应链金融借助会计信息系统可以增强企业业务透明度，有效降低成本，进而实现更有效率的资金分配（陈丽颖，2017）。因此，会计信息质量与供应链金融存在互补效应，会强化供应链金融对科技型中小企业融资效率的影响。据此，提出以下假设：

H2a：较高的会计信息质量能够提高科技型中小企业的融资效率。

H2b：较高的会计信息质量会强化供应链金融对融资效率的影响，与供应链金融形成互补效应。

7.3 研究设计

7.3.1 样本选择与数据来源

以我国科学技术部编制的《2022年度科技型中小企业技术创新基金若干重点项目指南》，将科技型中小企业划分为电子信息、生物医药、新材料、光机电一体化、资源与环境、新能源与高效节能、高技术服务业等领域的标准为科技型企业确认依据，以2010~2020年深市中小板上市公司中的科技型企业作为研究对象，剔除ST、＊ST公司，得到符合标准的科技型企业281家，样本数据来源于国泰安（CSMAR）数据库。为避免极端值对实证结果的影响，对回归模型中的主要连续变量上下1%的样本观测值进行Winsorize处理，使用软件STATA16.0进行回归分析。

7.3.2 变量选择

7.3.2.1 融资效率

融资效率是被解释变量，用符号 *FE* 表示。融资效率是公司利用融入资金创造价值的能力体现，除了收益和成本，也应包括融入资金时风险状况（王海荣、耿成，2016）。因此，参考已有研究（周率等，2021），用公式（7.1）计算融资效率：

$$FE = FI \times [1 - FC \times (1 + FR)] \times 100\% \qquad (7.1)$$

具体计算过程如下：

（1）融资收益是资金的使用效率，是对资金融入后的评价，用投资报酬率（ROIC）对融资收益进行衡量，即：

$$FI = ROIC = 税后经营净利润/总资本 \qquad (7.2)$$

（2）用加权平均资本成本（*WACC*）对融资成本进行衡量，计算公式为：

$$FC = 债务资本成本 \times 债务比重 + 权益资本成本 \times 权益比重 \qquad (7.3)$$

（3）用财务风险（*DFL*）对融资风险进行衡量：

$$FR = DFL = 息税前利润/(息税前利润 - 利息) \qquad (7.4)$$

7.3.2.2 供应链金融

供应链金融包括内部融资和外部融资，核心企业对上游中小企业提前支付或允许下游中小企业延迟支付会形成内部融资，体现为应付账款、应付票据等报表项目。此外，供应链金融可以盘活中小企业的流动资产，如应收账款、应收票据以及预付账款等，该类资产可作为信用支持，进而形成如知识产权质押等存货融资、预付融资以及应收融资等供应链融资解决方案，最终在财务报表中主要体现为短期借款。因此，在已有研究的基础上（刘兢轶等，2019）采用式（7.5）计算供应链金融的应用程度：

$$Scf = (t\,年短期借款 + t\,年应付票据 + t\,年应付账款)/t\,年末总资产 \qquad (7.5)$$

此外，为提高实证结果的准确性，借鉴张黎娜等（2021）的做法，在稳健性分析中对供应链金融的衡量方式进行替换，利用文本分析的方法，使用 Python 统计供应链金融相关关键词在企业年度财务报告中出现的频次，并做滞后一期处理作为该供应链金融应用程度（*Scf-fre*）的衡量指标。具体词汇和总频次如图 7.1 所示。

图 7.1　2010~2020 年中小板科技型中小企业供应链金融关键词词频统计

7.3.2.3　渠道变量

借鉴申嫦娥等（2016）的做法，构建营运资金周期（WCC）的衡量指标。由于其他应收款和其他应付款项目可能是关联方往来，与供应链管理关系不大，未将其纳入计算范畴。另外，借鉴吴祖光等（2017）的做法，使用研发投入与企业规模的比值衡量企业研发投入强度（$R\&D$）。

7.3.2.4　会计信息质量

将会计信息质量视为调节变量，用符号 Qai 表示。研究表明管理者倾向于利用可操控性应计利润（DA）进行盈余管理（赵利娟等，2018），DA 的数值越大，盈余管理程度越高，会计信息质量越差。因此，使用企业可操纵应计利润绝对值的相反数衡量会计信息质量（Qai）（马春光，2019），其中，可操纵应计利润的计算公式为：

$$\frac{TA_{i,t}}{A_{i,t-1}}=\beta_0\frac{1}{A_{i,t-1}}+\beta_1\frac{\Delta REV_{i,t}}{A_{i,t-1}}+\beta_2\left(\frac{PPE_{i,t}}{A_{i,t-1}}\right)+\varepsilon_{i,t} \tag{7.6}$$

$$NDA_{i,t}=\beta_0\frac{1}{A_{i,t-1}}+\beta_1\frac{\Delta REV_{i,t}-\Delta REC_{i,t}}{A_{i,t-1}}+\hat{\beta}_2\left(\frac{PPE_{i,t}}{A_{i,t-1}}\right) \tag{7.7}$$

$$DA_{i,t}=\frac{TA_{i,t}}{A_{i,t-1}}-NDA_{i,t} \tag{7.8}$$

式中，$TA_{i,t}$ 表示总应计利润，$NDA_{i,t}$ 表示非操控性应计利润，$\Delta REV_{i,t}$ 表示营业收入变动额，$\Delta REC_{i,t}$ 表示应收账款变动额，$PPE_{i,t}$ 表示固定资产净额，

$A_{i,t-1}$ 表示消除规模效应，$DA_{i,t}$ 表示操控应计利润，绝对值越大，盈余管理空间越大，其绝对值的相反数即为会计信息质量衡量数值，表示为 $Qai=-DA_{i,t}$。

7.3.2.5 控制变量

融资效率的内部影响因素主要包括企业规模大小、资本结构和盈利、企业发展能力的强弱（张瑞敏，2021），以及企业上市时间长短（谢婷婷、马洁，2016）、股权集中度等（曾刚、耿成轩，2019）；外部影响因素主要是宏观经济因素，如经济周期波动、各地区金融发展水平等（许珂、耿成轩，2020）。参照以往研究，结合本书研究设计，选取如下控制变量，各变量具体说明如表 7.1 所示。

表 7.1　变量说明

变量类型	变量名称	符号	变量说明
被解释变量	融资效率	FE	$FE=FI\times[1-FC\times(1+FR)]\times100\%$
解释变量	供应链金融	Scf	（t 年短期借款+t 年应付票据+t 年应付账款）/t 年末总资产
		Scf-fre	年报中供应链金融相关词汇出现的频次
调节变量	会计信息质量	Qai	可操纵性应计利润绝对值的相反数
渠道变量	营运资金周期	WCC	360×（平均应收票据净额+平均应收账款净额+平均预付账款净额+平均存货净额−平均应付票据净额−平均应付账款净额−平均预收账款净额−平均应付职工薪酬−平均应交税费）/营业收入
	研发投入强度	$R\&D$	研发投入/总资产
控制变量	企业规模	$\ln Size$	总资产的对数
	企业年龄	$\ln Age$	成立时间的对数
	盈利能力	Eps	每股收益
	营业收入增长率	$Growth$	（本期营业收入−上期营业收入）/上期营业收入
	股权集中度	$Top1$	第一大股东持股比例
	偿债能力	Lev	长期资本负债率＝长期负债/（长期负债+所有者权益）
	金融发展水平	FD	所属城市年末贷款余额/当年 GDP

7.3.3　实证模型

首先，为检验理论假设 H1，即供应链金融对科技型中小企业的融资效率的影响效果，构建基准回归模型：

$$FE_{it} = \beta_0 + \beta_1 Scf_{it} + \beta_2 \ln Size_{it} + \beta_3 \ln Age_{it} + \beta_4 Eps_{it} + \beta_5 Lev_{it} + \beta_6 Growth_{it} + \beta_7 Top1_{it} +$$
$$\beta_8 FD_{it} + \mu_i + \gamma_t + \varepsilon_{it} \tag{7.9}$$

其次，基于假设 H1a 和 H1b，为检验供应链金融是否会通过优化营运资金管理和促进研发投入，间接影响科技型中小企业融资效率，借鉴佘硕等（2020）对渠道分析模型的设计，运用分步回归的方法分析供应链金融对融资效率的影响渠道，构建以下模型：

$$FE_{it} = \beta_0 + \beta_1 WCC_{it} + \beta_2 \ln Size_{it} + \beta_3 \ln Age_{it} + \beta_4 Eps_{it} + \beta_5 Lev_{it} + \beta_6 Growth_{it} + \beta_7 Top1_{it} +$$
$$\beta_8 FD_{it} + \mu_i + \gamma_t + \varepsilon_{it} \tag{7.10}$$

$$WCC_{it} = \beta_0 + \beta_1 Scf_{it} + \beta_2 \ln Size_{it} + \beta_3 \ln Age_{it} + \beta_4 Eps_{it} + \beta_5 Lev_{it} + \beta_6 Growth_{it} + \beta_7 Top1_{it} +$$
$$\beta_8 FD_{it} + \mu_i + \gamma_t + \varepsilon_{it} \tag{7.11}$$

$$FE_{it} = \beta_0 + \beta_1 R\&D_{it} + \beta_2 \ln Size_{it} + \beta_3 \ln Age_{it} + \beta_4 Eps_{it} + \beta_5 Lev_{it} + \beta_6 Growth_{it} + \beta_7 Top1_{it} +$$
$$\beta_8 FD_{it} + \mu_i + \gamma_t + \varepsilon_{it} \tag{7.12}$$

$$R\&D_{it} = \beta_0 + \beta_1 Scf_{it} + \beta_2 \ln Size_{it} + \beta_3 \ln Age_{it} + \beta_4 Eps_{it} + \beta_5 Lev_{it} + \beta_6 Growth_{it} + \beta_7 Top1_{it} +$$
$$\beta_8 FD_{it} + \mu_i + \gamma_t + \varepsilon_{it} \tag{7.13}$$

最后，为验证会计信息质量、供应链金融与科技型中小企业融资效率的关系，构建模型（7.14）用于检验会计信息质量与科技型中小企业融资效率的关系，并在基础回归模型中加入交乘项构建模型（7.15），考查会计信息质量能否强化供应链金融提升科技型中小企业融资效率的影响效果：

$$FE_{it} = \beta_0 + \beta_1 Qai_{it} + \beta_2 \ln Size_{it} + \beta_3 \ln Age_{it} + \beta_4 Eps_{it} + \beta_5 Lev_{it} + \beta_6 Growth_{it} + \beta_7 Top1_{it} +$$
$$\beta_8 FD_{it} + \mu_i + \gamma_t + \varepsilon_{it} \tag{7.14}$$

$$FE_{it} = \beta_0 + \beta_1 Scf_{it} + \beta_2 Scf \times Qai_{it} + \beta_3 Qai + \beta_4 \ln Size_{it} + \beta_5 \ln Age_{it} + \beta_6 Eps_{it} + \beta_7 Lev_{it} +$$
$$\beta_8 Growth_{it} + \beta_9 Top1_{it} + \beta_8 FD_{it} + \mu_i + \gamma \tag{7.15}$$

7.4 实证分析

7.4.1 描述性统计与相关性分析

描述性统计结果如表 7.2 所示：融资效率 FE 最小值为 -0.396，最大值为

0.275，说明企业间融资效率差距较大；供应链金融在年报中出现的频次均值为0.995，说明越来越多的科技型中小企业参与供应链金融活动。研发投入强度的均值为0.028，整体偏低；营运资金周期是公司商业模式和运营水平的体现，均值126.95天，说明科技型中小企业的流动资产变现较慢，可能是所处的产业链地位或者营运资金的管理效率低引起的；各地区金融发展水平差异较大，所属城市经济、金融发展水平较高的科技型中小企业会面临更多的投资机会和金融资源。

表 7.2　主要变量描述性统计

变量名称	观测值	均值	中位数	标准差	最小值	最大值
融资效率（FE）	3091	0.056	0.058	0.080	-0.396	0.275
供应链金融（Scf）	3091	0.226	0.215	0.144	0.004	0.563
供应链金融（Scf-fre）	3091	0.995	0	3.370	0	33
研发投入强度（R&D）	2973	0.028	0.023	0.021	0	0.122
营运资金周期（WCC）	3091	126.95	102.68	119.08	-107.06	681.39
会计信息质量（Qai）	3091	-0.075	-0.044	0.163	-2.861	0
企业规模（lnSize）	3091	21.86	21.76	0.960	20.03	24.63
企业年龄（lnAge）	3091	2.562	2.639	0.451	0.693	3.664
股权集中度（Top1）	3091	0.321	0.291	0.146	0.091	0.704
营业收入增长率（Growth）	3091	0.194	0.139	0.344	-0.475	1.923
盈利能力（Eps）	3091	0.287	0.228	0.766	-5.879	17.94
金融发展水平（FD）	2928	1.510	1.476	0.573	0.287	5.305

7.4.2　相关性分析

相关性分析结果如表 7.3 和图 7.2 所示，结果显示各解释变量之间的相关关系大多小于 0.4，说明不存在严重多重共线性，供应链金融与科技型中小企业融资效率是负相关关系，不符合预期，需要考虑其他影响因素进一步分析。

表 7.3　相关性分析结果

	FE	Scf	R&D	Qai	WCC	Size	Age	Lev	Growth	Eps	Top1	finan
FE	1											
Scf	-0.149***	1										
R&D	0.171***	-0.180***	1									
Qai	0.082***	-0.023	0.035*	1								
WCC	-0.069***	-0.123***	-0.108***	-0.062***	1							
Size	0.120***	0.238***	0.011	-0.007	-0.096***	1						
Age	-0.081***	0.084***	0.012	-0.020	-0.019	0.229***	1					
Lev	-0.107***	0.049***	-0.012	0.006	-0.028	0.042**	0.019	1				
Growth	0.290***	-0.025	0.011	-0.030*	-0.093***	0.107***	-0.109***	-0.031*	1			
Eps	0.561***	-0.155***	0.029	0.028	-0.078***	0.173***	-0.028	-0.056***	0.216***	1		
Top1	0.129***	-0.088***	-0.089***	0.034*	-0.071***	-0.042**	-0.166***	-0.012	0.046**	0.098***	1	
FD	-0.005	-0.038	0.186***	0.034*	-0.119***	0.174***	0.141***	0.101***	-0.024	0.012	0.023	1

注: *、**、***分别代表10%、5%、1%的统计水平上显著。

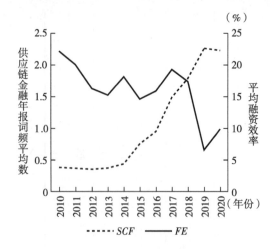

图 7.2 2010~2020 年 SCF 和 FE 变化趋势

国内外发展经验表明，企业盈利状况受宏观经济环境影响明显（张瑶等，2022），根据图 7.3，2010~2020 年我国 GDP 增长率总体呈现波动下降趋势，说明融资效率的下降可能是受到经济周期下行的影响，因此在后续模型检验过程中，需进一步控制宏观经济环境变化等其他影响因素。

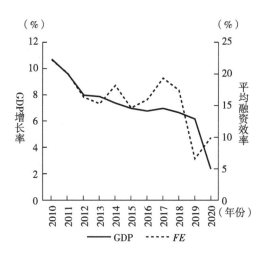

图 7.3 2010~2020 年 GDP 增长率和 FE 变化趋势

7.4.3　基准回归分析

对面板数据进行豪斯曼检验，结果表明模型存在个体效应，适用固定效应模型，在此基础上进一步控制时间效应以去除整体趋势的影响。基准回归结果如表 7.4 所示，供应链金融对科技型中小企业融资效率的影响存在一定的积累性和滞后性，在模型（1）和模型（2）中，对供应链金融变量做滞后 1~2 期处理，回归系数分别为 0.078 和 0.045，均显著为正，结果表明供应链金融有效促进了科技型中小企业融资效率的提升，假设 H1 得到证实。

为了避免控制变量选择偏差和遗漏变量的问题，对基准回归模型修正：模型（3）将控制变量中偿债能力和盈利能力的衡量指标分别替换为偿债能力（Lev1）和资产收益率（Roa）；在模型（4）中增加机构持股比例（Inst）和政府补助（Sub）（蓝图、张彦，2020）这两个控制变量再次回归。结果如表 7.4 所示。

表 7.4　供应链金融对科技型中小企业融资效率影响的基准回归结果

变量	（1）	（2）	（3）	（4）
	Fe			
L. Scf	0.078 ***		0.041 ***	0.065 ***
	(0.016)		(0.011)	(0.016)
L2. Scf		0.045 **		
		(0.020)		
lnSize	−0.003	−0.001	0.007 ***	0.002
	(0.003)	(0.004)	(0.002)	(0.003)
lnAge	0.035 **	0.037	0.004	0.032 **
	(0.014)	(0.026)	(0.009)	(0.014)
Lev	−0.061 ***	−0.066 ***		−0.061 ***
	(0.014)	(0.017)		(0.014)
Growth	0.037 ***	0.040 ***	0.004 *	0.035 ***
	(0.004)	(0.004)	(0.002)	(0.004)
Eps	0.059 ***	0.060 ***		0.059 ***
	(0.002)	(0.002)		(0.002)
Top1	0.077 ***	0.071 **	0.012	0.126 ***
	(0.022)	(0.031)	(0.014)	(0.024)

续表

变量	(1)	(2)	(3)	(4)
	Fe			
FD	−0.019***	−0.016*	−0.006	−0.017**
	(0.007)	(0.009)	(0.005)	(0.007)
Lev1			0.009	
			(0.009)	
Roa			1.138***	
			(0.015)	
TQ				0.014***
				(0.004)
Inst				−0.001***
				(0.000)
Sub				−0.000
				(0.000)
_cons	0.010	−0.034	−0.169***	−0.099
	(0.074)	(0.110)	(0.045)	(0.076)
N	2661.000	2127.000	2661.000	2654.000
R^2	0.385	0.373	0.759	0.391
个体	Yes	Yes	Yes	Yes
时间	Yes	Yes	Yes	Yes

Hausman test：*Prob>chi2* = 0.0000

注：*、**、***分别代表在 10%、5%、1%的统计水平上显著，括号中为 t 统计量标准误，下同。

7.4.4 稳健性检验

首先，对每次回归进行 *VIF* 多重共线性检验，结果表明不存在多重共线性；其次，考虑可能存在样本选择偏误导致的估计偏差，在模型（1）中将样本量扩大到中小板所有企业，回归系数依然显著正相关，结果如表 7.5 所示；最后，在模型（2）和模型（3）中将核心解释变量替换为年报词频统计结果，并对数化处理后分别回归，回归系数分别为 0.001 和 0.010，依然显著为正，进一步验证了供应链金融对科技型中小企业融资效率的影响效果；另外借鉴已有研究，在模型（4）~模型（6）中使用净资产收益率（*Roe*）（吴庆田、王倩，2020）、*Eva* 率

（杨毅，2021）以及资产收益率与加权资本成本率的比值（张海君，2017）
（*Roa/wacc*）作为融资效率的替代指标，重新进行回归分析，表明变量的替换不
影响假设成立，因此实证结果较为稳健。

表 7.5　稳健性检验

变量	(1)	(2)	(3)	(4)	(5)	(6)
	Fe	*Fe*	*Fe*	*Roe*	*Eva%*	*Roa/wacc*
L. Scf	0.038 ***			0.087 ***	0.092 ***	0.588 ***
	(0.011)			(0.024)	(0.017)	(0.216)
Scf-fre		0.001 ***				
		(0.000)				
ln*Scf-fre*			0.010 **			
			(0.004)			
ln*Size*	0.005 **	−0.007 *	0.021 **	−0.009 *	−0.002	−0.142 ***
	(0.002)	(0.003)	(0.009)	(0.005)	(0.003)	(0.043)
ln*Age*	0.018 *	0.036 **	−0.003	0.052 **	0.037 ***	0.442 **
	(0.010)	(0.014)	(0.038)	(0.021)	(0.014)	(0.185)
Lev	−0.078 ***	−0.063 ***	−0.109 ***	−0.240 ***	−0.055 ***	−1.122 ***
	(0.011)	(0.015)	(0.039)	(0.021)	(0.015)	(0.188)
Growth	0.026 ***	0.036 ***	0.020 **	0.054 ***	0.040 ***	0.469 ***
	(0.003)	(0.004)	(0.009)	(0.005)	(0.004)	(0.049)
Eps	0.060 ***	0.059 ***	0.092 ***	0.096 ***	0.061 ***	0.870 ***
	(0.001)	(0.002)	(0.006)	(0.003)	(0.002)	(0.026)
*Top*1	0.063 ***	0.077 ***	0.107 *	0.147 ***	0.087 ***	1.302 ***
	(0.016)	(0.023)	(0.062)	(0.033)	(0.023)	(0.297)
FD	−0.009 *	−0.020 **	0.009	−0.040 ***	−0.021 ***	−0.253 **
	(0.006)	(0.008)	(0.019)	(0.011)	(0.008)	(0.099)
_*cons*	−0.120 **	0.010	0.103	0.102	−0.095	2.155 **
	(0.056)	(0.074)	(0.079)	(0.112)	(0.077)	(1.000)
N	4613.000	2661.000	2460.000	2661.000	2661.000	2661.000
R^2	0.392	0.385	0.373	0.430	0.380	0.413
个体	Yes	Yes	Yes	Yes	Yes	Yes
时间	Yes	Yes	Yes	Yes	Yes	Yes

7.4.5 渠道检验

理论分析发现，供应链金融会通过缩短营运资金周期与促进研发投入提升科技型中小企业的融资效率。首先，通过模型（1）和模型（3）检验缩短营运资金周期和提高研发投入是否会提高科技型中小企业融资效率，结果如表 7.6 所示，回归系数分别为 -0.0001 和 0.399，且显著；其次，通过模型（2）和模型（4）进一步检验供应链金融是否能缩短营运资金周期和促进科技型中小企业加大研发投入，回归系数分别为 -32.678 和 0.010，且显著，表明供应链金融可以通过缩短营运资金周期和促进研发投入提高科技型中小企业融资效率。

表 7.6　供应链金融影响融资效率的渠道检验

变量	（1） FE	（2） WCC	（3） FE	（4） R&D
L. Scf		−32.678 ** （15.886）		0.010 *** （0.003）
R&D			0.399 *** （0.105）	
WCC	−0.0001 *** （0.000）			
lnSize	−0.002 （0.003）	−4.946 （3.030）	−0.003 （0.003）	−0.005 *** （0.001）
lnAge	0.033 *** （0.010）	−10.269 （13.845）	0.028 *** （0.010）	0.004 （0.002）
Lev	−0.056 *** （0.013）	−0.747 （0.517）	−0.002 *** （0.000）	0.000 （0.002）
Growth	0.028 *** （0.003）	−53.842 *** （3.657）	0.034 *** （0.003）	−0.000 （0.001）
Eps	0.055 *** （0.002）	−3.419 * （1.982）	0.057 *** （0.002）	−0.001 （0.000）
Top1	0.078 *** （0.020）	5.614 （21.821）	0.080 *** （0.020）	−0.016 *** （0.004）

续表

变量	(1)	(2)	(3)	(4)
	FE	WCC	FE	R&D
FD	-0.024***	-0.016**	-0.000	-0.000
	(0.007)	(0.008)	(0.001)	(0.001)
_cons	0.146**	274.289***	-0.002	0.120***
	(0.067)	(70.562)	(0.061)	(0.013)
N	2677.000	2810.000	2973.000	2586.000
R^2	0.366	0.145	0.382	0.090
个体	Yes	Yes	Yes	Yes
时间	Yes	Yes	Yes	Yes

7.4.6　机制分析

表 7.7 列示了 H2a、H2b 的回归结果，根据模型（1），会计信息质量（Qai）的回归系数为 0.026，在 1% 的水平上显著，说明会计信息质量显著提升了科技型中小企业的融资效率；模型（2）在基础回归模型的基础上加入了交乘项，交互效应和主效应的系数均显著为正，表明供应链金融与会计信息质量存在互补效应，即会计信息质量增强了供应链金融对科技型中小企业融资效率的影响。

为了保证结果的稳健性，采用分组回归的方式再次验证会计信息质量的调节作用，根据会计信息质量水平的中位数对样本数据分成模型（3）和模型（4）两组，其中，模型（4）中的会计信息质量大于中位数，回归结果如表 7.7 所示，模型（4）的回归系数大于模型（3），而且更显著，说明在会计信息质量较高的科技型中小企业中，供应链金融对融资效率的影响更大。

表 7.7　会计信息质量对供应链金融影响科技型中小企业融资效率的调节效应

变量	(1)	(2)	(3)	(4)
	FE	FE	FE	FE
L. Scf		0.073***	0.057**	0.091***
		(0.016)	(0.029)	(0.016)

变量	(1)	(2)	(3)	(4)
	FE	FE	FE	FE
$L.Scf \times Qai$		0.225 ***		
		(0.072)		
Qai	0.026 ***	0.026 ***		
	(0.007)	(0.007)		
$\ln Size$	-0.002	-0.004	0.008	-0.016 ***
	(0.003)	(0.003)	(0.006)	(0.003)
$\ln Age$	0.031 ***	0.032 **	0.045 *	0.040 ***
	(0.010)	(0.014)	(0.024)	(0.014)
Lev	-0.052 ***	-0.058 ***	-0.166 ***	0.045 ***
	(0.013)	(0.014)	(0.026)	(0.013)
$Growth$	0.035 ***	0.037 ***	0.046 ***	0.027 ***
	(0.003)	(0.004)	(0.006)	(0.004)
Eps	0.055 ***	0.059 ***	0.050 ***	0.063 ***
	(0.002)	(0.002)	(0.003)	(0.003)
$Top1$	0.075 ***	0.076 ***	0.152 ***	0.021
	(0.020)	(0.022)	(0.039)	(0.023)
FD	-0.021 ***	-0.020 ***	0.000	-0.020 ***
	(0.007)	(0.007)	(0.014)	(0.007)
$\_cons$	0.015	0.034	-0.276 **	0.284 ***
	(0.064)	(0.074)	(0.131)	(0.074)
N	2928.000	2661.000	1360.000	1301.000
R^2	0.378	0.391	0.434	0.442
个体	Yes	Yes	Yes	Yes
时间	Yes	Yes	Yes	Yes

根据表7.7中的回归结果，得到供应链金融和会计信息质量对科技型中小企业融资效率的交互作用结果，如图7.4所示，结果表明：在95%的置信区间下，随会计信息质量（Qai）提高，供应链金融对科技型中小企业融资效率的边际效应增强，即会计信息质量越高，供应链金融对科技型中小企业融资效率的提升作用越大且越显著。

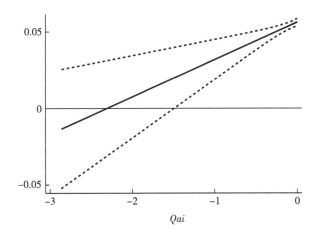

图7.4 供应链金融和会计信息质量对科技型中小企业融资效率的交互作用

7.4.7 拓展性分析

供应链金融可以提升科技型中小企业融资效率，企业价值反映了企业使用的社会资源创造了多少社会价值，企业价值最大化是企业的最终目标，能够体现企业的成长机会。因此，以托宾 Q 值（TQ）衡量企业价值并构建模型（7.16）检验供应链金融是否提升了科技型中小企业的企业价值，回归结果如表 7.8 所示：供应链金融与科技型中小企业企业价值的回归系数为 0.883，在 1% 的显著性水平上正相关，说明供应链金融除了具有融资功能，对于企业持续发展、提高竞争力也具有一定的增益效果。

$$TQ_{it} = \beta_0 + \beta_1 Scf_{it} + \beta_2 \ln Size_{it} + \beta_3 \ln Age_{it} + \beta_4 Eps_{it} + \beta_5 Lev_{it} + \beta_6 Growth_{it} + \beta_7 Top1_{it} + \beta_8 FD_{it} + \mu_i + \gamma_t + \varepsilon_{it}$$
$$(7.16)$$

表7.8 拓展性分析

变量	TQ
$L.Scf$	0.883 ***
	(0.258)
$\ln Size$	−0.470 ***
	(0.051)
$\ln Age$	0.889 ***
	(0.217)

续表

变量	TQ
Lev	−0. 206
	(0. 220)
Growth	0. 204 ***
	(0. 058)
Eps	0. 225 ***
	(0. 031)
Top1	−0. 734 **
	(0. 349)
FD	−0. 178
	(0. 117)
_cons	10. 763 ***
	(1. 177)
N	2659. 000
R^2	0. 302
个体	Yes
时间	Yes

7.5　本章小结

供应链金融已成为解决中小企业融资问题的重要工具，除了拓宽融资渠道、缓解融资约束等作用，长远来看，供应链金融在提高资金周转、改善企业经营连续性以及提高参与各方价值等方面的增益效果对于科技型中小企业有更深远意义。因此，本章在已有研究的基础上进一步考察了供应链金融服务对科技型中小企业融资效率的影响。具体地，使用 2010~2020 年深市 A 股中小板科技型中小企业数据，针对供应链金融对科技型中小企业融资效率的影响问题展开研究，首先探讨了供应链金融对科技型中小企业融资效率的影响效果以及可能的影响渠道；然后考虑到不同情景因素下供应链金融服务效果的差异，进一步从会计信息质量的视角研究科技型中小企业在参与供应链金融活动后资金获取和使用效率的差异。结果表明，供应链金融可以有效提升科技型中小企业的融资效率，这种影响效果存在一定的滞后性，渠道检验表明，供应链金融可以通过优化供应链运营水平和促进研发投入而提高科技型中小企业融资效率。具体而言，一方面，供应链金融通过信息互通和资源共享的线上融资平台促进了"资金端"和"资产端"的高效运转进而缩短企业营运资金周期；另一方面，可以帮助科技型中小企业及时获取市场动态信息以把握投资机遇、提高研发投入，最终提高科技型中小企业的融资效率。进一步研究发现，会计信息质量较高的科技型中小企业对于供应链融资的获取和使用效率更高；而拓展性分析发现，供应链金融可以提高科技型中小企业的企业价值。

基于上述结论得出以下启示：首先，供应链金融具有稳定性和持续性，可以满足中小企业经营管理过程中的融资需求，提高了资金在企业间和企业内部的配置效率，科技型中小企业积极参与供应链金融活动不仅可以获得低成本的稳定资金来源，也有助于为主业发展提供持续动力，因此发展供应链金融对于资金"脱虚向实"和推动企业降本增效有积极作用；其次，发展供应链金融除了关注其金融价值，也应重视其产业价值，通过构建现代化的流通体系以促进资金流与信息流和物流的协调运转，最终提高供应链整体价值；最后，企业间资金、信息、商品等要素的流动是供应链管理的主要内容，也是供应链金融实施过程中的必要要素，追踪供应链运营过程中各个要素的去向和记录价值创造以及实现过程中的数据变化是供应链金融成功的必要条件。因此，科技型中小企业应加强内部管理、建立正确的会计核算体系以提高供应链金融服务的效率和控制供应链金融运行的风险。

第8章 国内外科技型中小企业融资政策与模式借鉴

8.1 国内外科技型中小企业融资政策及比较

8.1.1 国外科技型中小企业融资政策

8.1.1.1 美国科技型中小企业融资政策

法律法规方面，为了营造有序规范的企业经营发展环境，美国早在1953年就颁布了首部专门给小企业提供法律保护的《小企业法》，这部法律是美国中小企业发展的基石。同年，为了吸引投资，缓解中小企业资金约束，引导中小企业诚信经营，美国进一步完善《中小企业融资法》。《中小企业经济政策法》《机会均等法》等一系列法律政策也是小企业制度保障体系不断得到建立健全的重要体现（陈燕，2018）。美国政府发布了《小企业投资法》《小企业经济政策法》《小企业创新发展法》等一系列中小企业法律法规，这些法规的背后和政府的资金扶持密不可分。例如，1982年颁布的《中小企业创新发展法》规定政府必须每年向中小规模企业提供研发创新资金支持，《小企业投资法》明确规定对创造一定价值的中小企业给予扶持（吴田，2015），从资金、技术、就业、投资等不同方面为科技型中小企业的发展提供了良好的环境。

财税政策和政府政策支持方面，美国小企业管理局（SBA）为小企业提供多种政策工具，包括财政直接补贴、担保贷款和政府采购等支持政策。一方面，政府补贴是支持科技型中小企业发展的重要资金来源，美国政府专门成立相关机构对中小企业的创新活动进行管理和监督，对符合条件的企业进行专项补贴。同时，政府提供财政低息贷款，用于解决企业资金短缺和融资约束。此外，以 SBA 为主导的小企业投资公司和风投在债券融资中占据 30% 左右的比例，美国政府通过实行政府采购计划，间接支持中小企业的发展，其中政府采购重点在电信设备和通信服务领域，每年采购数额超过百亿美元，还规定政府采购金额的 1/4 倾向于小企业，且投标中预留中小企业 5% 的比例。另一方面，在税收方面，美国将科研机构划归为非营利机构，其中，1986 年制定的国内税收法，为了鼓励企业研发投入，本年度研发投入增加企业，可以获得新增税收 20% 的退税，并且为了鼓励风险投资对科创型中小企业的投资支持，规定风险投资总额的 60% 可以免除所得税，并且根据运行情况及时做出调整，并将目前风险投资税率降至 20%。

8.1.1.2　日本科技型中小企业融资政策

日本是发达国家中小企业数量较多的国家，在科技创新的推动下，二战后日本经济快速复苏，政府依然保持着对经济市场的调控，特别是在支持科技型中小企业融资方面，形成了以政策性金融为主，商业性金融并存且相对较为完善的担保体系和金融支持体系（安同信、刘祥霞，2015）。与此同时，日本在立法、政策以及支持手段方面也相对全面和完善。

法律法规方面，日本在 1980 年提出的"昭和产业维新政策"是政府支持高新技术产业化的早期战略性政策，而科技型中小企业是其中最大的受益者。此后，为支持科技型中小企业发展，1949 年日本政府颁布《中小企业信用法》和《小企业信用保证协会法》，并于 20 世纪 60 年代后期颁布了《中小企业基本法》和《中小企业现代化资金援助法》等。此后，依据《中小企业基本法》，先后颁布实施了科学技术基本法、技术创新服务单行法及行政法规，还颁布了《中小企业现代化促进法》等十多项法律法规及政策支持科技型中小企业技术创新（李巧莎，2011）。

税收方面，日本政府相继出台了税收减免和税收起征点提升等相关政策。一方面，税收减免政策主要依据 1967 年制定的《增加试验研究经费的纳税减征制度》，根据科技型中小企业科研经费投入增加额度，采取税收抵免等优惠政策，当企业研发投入经费增加部分高于上一年度的最高值时，增加额度的 25% 可抵销所得税税额，一定程度上既鼓励企业研发资金的持续性投入，同时能够减少企业的税负，激励企业研发创新积极性，1985 年日本政府在《加强中小企业技术基础税制》中规定，按照研发投入费用的 6% 抵免所得税税金。另一方面，日本政府在税收方面的"天使投资税制"和设备投资减税是主要的税收支持政策。其中，天使投资税制 1997 年制定，该税制规定了处于创业期发生的投资可转让损失能在 3 年内结转，由于该项政策在一定程度上弱化了税收对科技创新的激励作用，该税收制度在 2000 年 4 月进行了修订，将该项税收激励政策扩大到营利性企业，保留了原有优惠，并且只对天使投资人交易时产生的 1/4 的资本利得额征税等（苏杭，2008）。此外，日本政府直接对科技型中小企业的科技研发进行补贴，或通过对金融机构提供贷款贴息政策间接为科技型中小企业提供融资支持。

8.1.1.3 德国科技型中小企业融资政策

法律法规方面，20 世纪 50 年代，德国为促进本国中小企业发展，开始制定相对全面的法律法规，并在之后进行完善和修订。为了给科技型中小企业营造公平和良好的法律环境，德国先后制定和颁布了《德国复兴信贷银行法》《反对限制竞争法》《关于提高中小企业的新行动纲领》《标准化法》《商法典》《民法典》《中小企业法》等法律政策。其中，《反对限制竞争法》为德国中小企业的生产和经营创造了规范的和稳定的市场环境，有利于增强企业的竞争能力。此外，德国政府制定了《中小企业研究与技术政策总方案》等相关文件，并设立了专项科技创新基金，以资助中小企业科技创新。

金融政策方面，德国主要通过多种金融机构建立完善的金融服务体系实现对科技型中小企业的支持，并非政府直接进行资金补贴。德国出台《德国复兴信贷银行法》，由政府为德国银行提供担保，以提升该银行的主体信用和地位，从而使其可以直接发行低价债券进行筹资，再通过德国复兴银行为给科技型中小企业提供贷款的金融机构贴息，并制定相应的政策直接为科技型中小企业提供贷款。此外，政府成立了专门针对中小企业的贷款基金，科技型中小企业通过贷款审核后，可以获得最低 2% 的低息贷款，为中小企业发展提供支持资金，也增强了中小企业在经济市场中的竞争地位。同时，德国针对中小企业缺少抵押物的情况，成立了信用担保银行，为科技型中小企业提供贷款担保，政府扮演再担保的角色，丰富了本国科技型中小企业的融资渠道。

税收政策方面，与美国政府税收支持政策类似，德国对科技型中小企业的税收政策采取直接援助的方式。早在 20 世纪 80 年代，德国制定并开始实施一系列针对科技型中小企业的优惠政策，对一些经营困难的科技型中小企业提供免税政策。此外，近年来，德国积极学习和引进欧盟经验做法，通过降低税率、减免返还税收额度等优惠手段，鼓励引导中小企业加大研发投入，同时实施政府税收引导和干预机制，如长期资本所得税的上下限税率分别调整为 50% 和 19%，中小企业在进行固定资产和设备建设购置过程中，研究开发费用的 1/3 可以享受税收减免优惠，并且使用内部留存资金进行投资的额度免缴财产税，很大程度上降低了企业经营负担和资金紧张状况。

8.1.1.4　其他国家

韩国政府为促进本国科技型中小企业发展，在法律法规方面，于 1966 年底颁布了《中小企业支援法》和《中小企业法》，以法律的形式确立了科技型中小企业的重要地位，其中，《中小企业法》是后续韩国政府关于支持中小企业发展的重要参考，并以此制定了《中小企业振兴法》《中小企业技术革新促进法》《中小企业创业支援法》等相关法律。此外，在金融支持政策上，韩国政府主要采用直接资金补贴和信用担保两种方式。韩国颁布《中小企业支援法》，设立了中小企业创业基金，用于扶持科技型中小企业，为本国科技型中小企业提供融资便利。同时，为鼓励商业银行支持科技型中小企业发展，给予银行一定的优惠政策，避免因科技创新贷款风险高而影响科技型企业信贷受众面。在税收政策方面，对于初创期的科技型中小企业，前六年给予免除税费，而对于普通科技型企业按照正常税率的 22% 进行征税，而对于高科技型企业可免征 7% 的税费（吴田，2015）。此外，以色列政府也制定了相应的经济法律法规以及众多政策，将法律和经济进行有效结合，提供中小企业的法律和资金支持。20 世纪 50 年代出台的《投资鼓励法》，通过设立投资公司对中小企业进行融资支持。同时，20 世纪 70 年代出台的《工业鼓励法》，对工业经济提供了法律保护，特别注重科技型中小企业的发展，对其进行技术研发补贴。

8.1.2　国内科技型中小企业融资政策

截至 2022 年末，我国小微企业数量已经超过 5200 万户，是数量最大、最具活力的企业群体。我国历来重视对中小微企业发展的法律规范和政策支持，各个省份和地区也就科技型中小企业创新发展和融资出台相关的优惠政策，支持科技创新主体的发展。

8.1.2.1　国家层面科技型中小企业相关融资政策

法律法规方面，为了改善中小企业经营环境，保障中小企业公平参与市场竞争，维护中小企业合法权益，支持中小企业创业创新，促进中小企业健康发展，

2002 年 6 月 29 日，我国颁布实施了《中华人民共和国中小企业促进法》，这是我国国家层面上支持中小企业发展的重要法律，该法律于 2017 年 9 月 1 日进行修订，后于 2018 年 1 月 1 日正式实施。该法律在中小企业发展的财税支持、融资促进以及创新扶持和支持等方面进行了顶层规划与设计，是我国中小企业相关法律法规和政策制定的基石。之后，各省份相应地出台关于《中小企业促进法》条例和办法，从加大财税支持和破解企业融资难、融资贵等实际问题出发，做了进一步明确的规定。2023 年 7 月，中共中央、国务院发布《关于促进民营经济发展壮大的意见》，进一步确立新时期民营企业发展的目标方向和政策支持。科技部在 2019 年修订印发《关于新时期支持科技型中小企业加快创新发展的若干政策措施》，明确要加大科技创新的财政支持力度，鼓励各级地方政府设立支持科技型中小企业技术研发的专项资金，加强资本市场对科技型中小企业的支持，并于 2022 年发布《关于营造更好环境支持科技型中小企业研发的通知》，为科技型中小企业发展营造良好的环境。为提升我国关键科学领域创新能力，解决"卡脖子"问题，稳定产业链供应链韧性，2021 年财政部、工业和信息化部等部门专门印发《关于支持"专精特新"中小企业高质量发展的通知》，通过中央财政资金进一步支持"专精特新"中小企业的发展。此外，关于科技型中小企业，国家科技部、工业和信息化部、财政部以及国家税务总局、中国人民人行等部门对支持我国科技创新出台相关的政策和意见，其中就科技型中小企业融资财政支持、融资体系建设以及税收优惠等方面进行了规定。近 5 年代表性法规及政策如表 8.1 所示。

表 8.1　近年国家部委支持科技型中小企业融资相关法律及政策

年份	发布部门	法规及政策名称	相关内容表述
2023	中共中央国务院	关于促进民营经济发展壮大的意见	完善融资支持政策制度，健全银行、保险、担保、券商等多方共同参与的融资风险市场化分担机制
2017	全国人民代表大会	中华人民共和国中小企业促进法（修订）	金融机构、中国人民银行应高效公平服务于中小微企业，国家政策性金融机构应当在其业务经营范围内，采取多种形式，为中小企业提供金融服务；国家健全多层次资本市场体系，多渠道推动股权融资，发展并规范债券市场，促进中小企业利用多种方式直接融资
2009	国务院	关于进一步促进中小企业发展的若干意见国发〔2009〕36 号	全面落实支持小企业发展的金融政策；加强和改善对中小企业的金融服务；进一步拓宽中小企业融资渠道；完善中小企业信用担保体系；加大财政资金支持力度；落实和完善税收优惠政策等

续表

年份	发布部门	法规及政策名称	相关内容表述
2020	工信部等	关于健全支持中小企业发展制度的若干意见 工信部联企〔2020〕108 号	优化货币信贷传导机制；健全多层次小微企业金融服务体系；完善中小企业直接融资支持制度；完善中小企业融资担保体系；强化小微企业金融差异化监管激励机制等
2019	科技部	关于新时期支持科技型中小企业加快创新发展的若干政策措施 国科发区〔2019〕268 号	加大政策激励力度；推动研究制定提高科技型中小企业研发费用加计扣除比例、科技型初创企业普惠性税收减免等新的政策措施；加大财政资金支持力度；加强金融资本市场对科技型中小企业的支持；加强创业投资引导；拓展企业融资渠道等
2022	科技部	关于营造更好环境支持科技型中小企业研发的通知 国科办区〔2022〕2 号	优化政府引导基金支持研发的机制，统筹银行信贷、风险补偿、融资担保、金融债等，完善企业创新积分与涉企金融政策支持联动机制，引导金融机构支持科技型中小企业研发
2022	财政部等	关于加大支持科技创新税前扣除力度的公告 科技部 2022 年第 28 号	现行适用研发费用税前加计扣除比例75%的企业，在2022年10月1日至2022年12月31日期间，税前加计扣除比例提高至100%
2022	财政部等	关于进一步提高科技型中小企业研发费用税前加计扣除比例的公告 科技部公告 2022 年第 16 号	科技型中小企业开展研发活动中实际发生的研发费用，未形成无形资产计入当期损益的，在按规定据实扣除的基础上，自2022年1月1日起，再按照实际发生额的100%在税前加计扣除；形成无形资产的，自2022年1月1日起，按照无形资产成本的200%在税前摊销
2021	财政部、工信部等	关于支持"专精特新"中小企业高质量发展的通知 财建〔2021〕2 号	2021~2025 年，中央财政累计安排 100 亿元以上奖补资金，引导地方完善扶持政策和公共服务体系，分三批（每批不超过三年）重点支持 1000 余家国家级专精特新"小巨人"企业高质量发展

8.1.2.2　国内典型省市科技型中小企业融资政策

（1）浙江支持科技型中小企业融资政策。浙江作为我国科技创新的示范性省份，近年来在支持科技创新，建立科技型中小企业融资体系，缓解科技型中小企业融资困难方面出台了相应的条例和政策，重点政策如表8.2所示。

表 8.2　浙江省科技型中小企业融资相关政策

年份	发布部门	法规及政策名称	相关内容表述
2006	浙江省人大	浙江省促进中小企业发展条例	省级财政预算应当安排扶持中小企业发展专项资金；发展信用担保体系建设、支持小企业融资贷款；加快发展资本市场，引导有条件的中小企业通过股权融资、项目融资、债券融资、租赁融资方式进行融资
2022	浙江省人民政府	关于大力培育促进"专精特新"中小企业高质量发展的若干意见浙政办发〔2022〕19 号	提高政府采购份额；加强直接融资服务；创新金融服务模式；对"专精特新"中小企业给予专项授信额度、贷款期限、利率优惠等政策倾斜
2021	浙江省科技厅	科技惠企政策十条浙科发高〔2021〕75 号	落实企业研发费用加计扣除政策；实施科技企业孵化器、众创空间奖励政策；实施科技"小巨人"培育政策；鼓励市县财政按科技小巨人企业研发投入的 20% 予以奖补，每家不超过 100 万元
2022	浙江省科技厅等	关于推动创新链产业链融合发展的若干意见浙科发高〔2022〕16 号	科技型中小企业研发费用加计扣除比例从 75% 提高到 100%；增强科技金融服务企业能力，对科技型中小企业免抵押担保贷款额度可在同类型企业标准上增加 30% 以上，贷款期限再增加 1 年以上
2022	浙江省科技厅等	关于全面推进科技政策扎实落地的实施意见〔2022〕4 号	落实科技型企业培育政策，落实企业研发活动支持政策，对研发占营业收入比重高于 5% 的企业，在土地、能耗和资源等方面给予优惠，构建科技创新基金体系，落实科技金融政策

（2）江苏支持科技型中小企业融资政策。江苏对中小企业的发展和科技型中小企业创新，从法律条例和政策上给予较为全面的支持，重点政策如表 8.3 所示。

表 8.3　江苏省科技型中小企业融资相关政策

年份	发布部门	法规及政策名称	相关内容表述
2021	江苏省人大	江苏省中小企业促进条例（修订）	运用风险补偿、奖励、增信、贴息等措施，引导金融机构和地方金融组织加大对中小企业信贷支持
2016	江苏省人民政府	关于加快推进产业科技创新中心和创新型省份建设若干政策措施的通知苏政发〔2016〕107 号	加大多层次资本市场对科技型中小企业的支持力度；创新和完善科技型中小微企业融资服务体系；加快发展科技保险；完善信用担保机制

续表

年份	发布部门	法规及政策名称	相关内容表述
2023	江苏省人民政府	江苏省专精特新企业培育三年行动计划（2023-2025 年）的通知苏政办发〔2023〕3 号	推动银行业金融机构为专精特新企业量身定制金融服务方案；支持保险机构开发符合专精特新企业发展阶段和需求的保险产品
2021	江苏省科技厅	关于印发江苏省"十四五"科技创新规划的通知苏政办发〔2021〕62 号	完善适应创新链需求、覆盖科技型企业全生命周期的科技金融服务体系；支持符合条件的科技企业在科创板挂牌上市、发行公司债、短期融资券和中期票据，扩大直接融资
2022	江苏银保监局、江苏省科技厅	关于开展科技型中小企业银企融资对接专项行动的通知	根据科技型中小企业发展阶段特点、金融需求和风险特征，合理确定贷款品种、利率定价、利息还付、贷款期限

（3）广东支持科技型中小企业融资政策。广东在支持科技型中小企业发展、拓宽科技型企业融资方式和渠道方面，积累了丰富的经验，重点政策如表 8.4 所示。

表 8.4　广东省科技型中小企业融资相关政策

年份	发布部门	法规及政策名称	相关内容表述
2019	广东省人大	广东省促进中小企业发展条例（修订）	运用信贷风险补偿、增信、贴息等方式，鼓励和引导金融机构服务实体经济；鼓励发展供应链金融，支持金融机构依托供应链核心企业的信用和交易信息，为上下游中小企业提供无须抵押担保的订单融资、应收账款融资
2019	广东金融监管局等	广东省支持中小企业融资的若干政策措施粤金监〔2019〕58 号	建立中小企业融资平台；积极稳妥发展供应链金融；建设完善知识产权融资体系；完善中小企业融资风险分担机制等
2019	广东省人民政府	关于进一步促进科技创新若干政策措施粤府〔2019〕1 号	加大对科技型中小企业的信贷支持力度，省财政按其实际投放金额予以一定奖补；金融机构开展科技型中小企业贷款和知识产权质押投融资业务发生的损失，给予一定比例的风险补偿
2021	广东省工信厅	广东省关于健全支持中小企业发展制度的实施意见粤工信民营〔2021〕46 号	健全精准有效的财政支持制度；建立健全小微企业税费政策落实机制；优化供应链金融服务体系

8.1.3 国内外科技型中小企业融资政策比较及启示

对比国外关于科技创新支持和科技型中小企业融资法律法规以及政策发现，发达国家在法律和政策方面具有较为完善的法律支持体系，且在基本法律的基础上衍生和完善出相关的政策支持。首先，国外具备完善的法律法规和政策支持体系，且表现为以基本法律为基石的法律法规体系；其次，多数国家选择通过财政直接补贴和税收优惠和减免等政策，支持本国科技型中小企业发展；再次，国外科技型中小企业融资过程中，融资体系和方式较为全面，特别是风险投资具有强的支持能力和覆盖面；最后，政府采购向科技型中小企业倾斜的比例具有硬性规定且相对较大，一定程度上保证了科技型中小企业资金回流的稳定性，同时能够实现对企业创新的激励。

对比国内政策和科技创新典型省份做法发现，我国在支持科技创新、中小微企业和科技型中小企业融资过程中，经过改革和开放的发展和对科技创新的重视，科技法律法规和政策支持逐步完善，且表现出融资手段和方式多元化的情形。典型省份中政策多样性强、支持力度大，且体系较为完善，注重创新，如鼓励供应链金融的发展，完善担保体系和知识产权质押融资等。此外，在资本市场上，为科技型中小企业上市融资、债权融资提供更多机会，这也是西部区域支持科技创新值得借鉴的经验。

8.2 国内外科技型中小企业融资模式借鉴及比较

8.2.1 国外科技型中小企业融资模式

8.2.1.1 以证券市场为主导的美国科技型中小企业融资模式

在长期发展和实践过程中，美国已建立起在国际范围内较为成熟完善的科技型中小企业融资体系，形成了多元化融资模式，除政府资金外，还包括商业银行贷款、风险投资、股票市场、债券市场，以及个人捐赠等多种融资方式和融资渠道（徐京平，2014），以满足不同发展周期的科技型中小企业的融资需求。

首先，美国科技型中小企业存在以证券市场为主导的资本融资模式。美国是世界上市场经济最为发达的国家，拥有债券市场、主板市场、二板市场以及场外交易市场等。其中，二板市场主要扶持初创期和成长期科技型中小企业。其中典型的也是最为著名的二板市场是美国 NASDAQ，自 1971 年创立以来，其以专业性、准入条件低以及效率高等特点，成为美国乃至全球科技型企业上市交易的首选。此外，美国具有多个区域性证券交易所，可以为不具备在全国市场上市的科技型中小企业提供融资服务。

其次，美国科技型中小企业存在典型的担保融资模式（马秋君，2013）。美国既有层次完善的科技型中小企业融资担保体系，如美国中小企业管理局（SBA）是美国永久性联邦政府机构，负责全国中小企业信用担保体系的运行；也有地方政府主导的区域性专业担保体系以及社区性中小企业信用担保体系。

再次，美国科技型中小企业存在商业银行融资模式，相比直接融资模式，商业银行在科技型企业尤其是科技型中小企业融资中所占份额较少，一般由商业银行专门的独立部门为中小企业提供短期贷款，而成立的针对创新型中小企业的科技银行则发挥着更大作用，如 Silicon Valley Bank（硅谷银行）专注于科技型企业融资服务，提供包括商业贷款、创业授信、风险投资等在内的多种内容产品和服务（李柏军，2012）。

最后，美国科技型中小企业存在政府与金融投资公司合作融资模式。1958年由 SBA 控制管理的 SBIC 旨在为中小企业提供风险投资和私募股权资本，即由SBA 主导并与其他金融投资公司联合实施，其服务对象为融资风险高且很难从普通渠道获得融资的科技型中小企业，凭借政府低息贷款以及来自财政的资金支持和信用保证，为中小企业发展提供了有力支持（田盖地，2017）。此外，美国在对科技型中小企业融资贷款支持过程中，引入私人权益市场融资，主要包括风险投资和天使投资等。

8.2.1.2　主银行制下德国与日本科技型中小企业融资模式

德国是以主银行制为典型代表的国家。德国逐步形成了以开发性银行为主导、商业银行为主体和担保银行为风险保障的科技型中小企业融资模式。德国主要实行"全能银行"制度，这限制了德国资本市场和非金融机构的发展，科技型中小企业融资几乎一半来自银行支持。德国允许银行以参股的形式与企业建立产权关系，有利于银行掌握企业经营状况并提出针对性的融资服务（何韧，2004）。同时德国具有专门的融资机构，主要包括大众银行、储蓄银行、合作银行以及复兴贷款银行等，在政府金融的支持下，能够为科技型中小企业提供低于市场利率的长期贷款和低息贷款。同时，德国具有相对完善的担保体系，能够为科技型中小企业提供融资担保。德国的担保融资是以担保银行为主，重点服务于创新型和成长型企业，这种以银行形式运作的担保机制能够有效提高担保和服务的效率。

与德国类似，在支持科技型中小企业融资过程中，日本的商业银行间接融资模式占据主要地位，日本为科技型企业专门设立了政策性机构和中小企业金融机构。其中，政策性金融机构包括中小企业金融公库和国民金融公库。中小企业金融公库主要向中小企业提供设备贷款和周转贷款，贷款侧重于支持重点产业发展，而国民金融公库主要向中小企业提供小额流动性资金支持。此外，地方小型商业银行和社区银行等经营性机构也会向中小企业提供融资及贷款支持。同样地，日本是较早建立信用担保体系的国家，信用担保融资是中小企业融资模式的重要组成。在信用担保层级和结构上，日本建立中央和地方两级信用担保体系，具体操作上是区域担保机构为科技型中小企业进行信用担保，日本中央政府进行信用再担保。当出现贷款违约风险时，地方政府作为第一担保人对商业银行进行代偿，之后由中央政府对地方担保机构进行保证金补充和支持，不仅维持了国家担保信用体系，并且能够为科技型中小企业较为顺利地获得贷款机构的资金提供支持（肖扬清，2008）。

8.2.1.3 政府主导型的韩国科技型中小企业融资模式

政策性金融支持是韩国科技型中小企业融资过程中的重要途径，也是主要政策，主要融资模式是由中央银行和政策性金融机构组成的金融服务体系。一方面，韩国中央银行鼓励其他金融机构为科技型中小企业提供直接贷款；另一方面，中央银行将对科技型中小企业贷款服务作为商业银行等金融机构年度考核的重要内容，在鼓励商业银行信贷支持的同时，降低科技贷款的利息。韩国政府专门成立政府投资参股的政策性银行，针对性服务于中小企业。此外，政府会选择通过发放专项贷款，支持企业的科技创新发展，极大地提高了科技型中小企业融资的可获得性。韩国政府根据行业需求和产业发展，由政府成立国家和地方两级的政策性基金，且其投资是通过商业银行来支持科技型中小企业的发展，有效解决了政府在财政资金支持过程中专业性不足的问题，同时，成立时间2年及以上的科技型中小企业，可以通过地方科技型培育基金得到支持。此外，1997年后，韩国政府牵头制定了风险投资制度，设立风险投资基金，为了突出政府的主导作用，由政府出资带动社会其他风险资本，并且按照市场化运行，为科技型中小企业提供了更加多元化的融资方式和渠道（杨晓庆，2013）。

8.2.2　国内典型科技型中小企业融资创新模式

8.2.2.1　北京中关村科技型中小企业"投贷联动"融资模式

"投贷联动"融资模式主要针对初创期的科技型中小企业，长期以来，初创期科技型企业融资主要通过天使投资和创业投资进行，商业银行参与度较低。中关村银行推动的是以认股权贷款为主的投贷联动新模式，投贷联动模式指商业银行为客户提供信贷支持，风险投资或私募基金为企业提供股权融资服务，以"股权+债权"的模式，为处于初创期或成长期的中小科技型企业提供融资。投贷联动的主要特点是对企业的盈利指标没有硬性要求且无须担保，在向企业提供信用贷款的同时，由企业授予银行一定金额的认股期权，通过认股权产生的或有收益来弥补未来可能存在的风险。投贷联动突破了商业银行单一的信贷融资模式，将投资和贷款两种融资方式有机结合，为科技型中小企业提供更全面和综合的融资支持。银行以企业高成长带来的股权投资收益补偿债务性融资所承担的风险，从而达到风险和收益的平衡。投贷联动的推进有助于提高科技型创新企业的融资可获得性，降低其融资成本（康雷宇，2017）。

8.2.2.2　北京中关村国家自主创新示范区数字化信用交易平台融资模式

2021 年，北京中关村科技创业金融服务集团有限公司，利用区块链、大数据等金融科技手段，建立数字化信用交易平台，形成服务科技型创新中小企业的直通化融资模式，简称中关村融信。该平台利用数字化技术，通过建立中关村企业信用链，实现企业经营交易数据积累，并进行数据安全融合分析，构建基于 IND+B+C 的风控能力，助力金融机构风控能力提升、产业对上下游商业信用的管理并以此提高风险识别、风险防控以及风险应对水平，实现对科技型中小企业融资，解决中小微企业融资难、融资贵等现实问题。平台通过汇集多资产方，引入了保贷联动机制，将符合条件的用户交给中关村担保，由银行方给出最终的授信额度。此外，中小微企业在信用交易平台上还能实现信用积累，随着中小微企业在平台还款信息的累计，申请人的相关信息可在信用平台上获得动态数据积累和更新，平台给企业的信用评价随之变化。随着企业信用评价越来越好，企业融资的成本会越来越低。

8.2.2.3　武汉"银行+科技担保公司+专利权反担保"知识产权质押融资模式

知识产权质押融资指企业以合法拥有的专利权、商标权、著作权中的财产权经评估作为质押物从银行获得贷款的一种融资方式，在专业化评价与估值机构的参与下，将企业知识产权进行评估，从而获得商业银行知识产权质押贷款，在获得贷款或融资后，需要按照贷款协议的约定进行按时还款。如果企业无法按时偿还贷款，金融机构有权根据协议约定采取相应的追偿措施。在还清贷款后，企业可以重新获得其知识产权的完全权益。目前以北京、上海、武汉三种模式最为典型，武汉混合模式是在综合借鉴北京和上海两种模式优点基础上推出的。武汉模式中，武汉市市场监管局（知识产权局）与武汉市财政局共同合作，推出"银行+科技担保公司+专利权反担保"混合模式知识产权质押融资模式，建立知识产权质押融资财政风险补偿、贷款贴息及保费补贴等机制，知识产权局负责对项目申请进行受理、审核及立项，财政局负责对所立项目发放贴息资金，并和市知识产权局共同监督，各主管部门发挥了"服务型政府"的相关职能。武汉模式最大的创新是引入了武汉科技担保公司专业化担保机构，一定程度上分散了银行的风险，促进了武汉专利权质押融资的开展。

8.2.3　国内外科技型中小企业融资模式比较及启示

纵观国内外科技型中小企业融资模式，发达国家具有更加完备的科技创新和融资支持体系。美国有完备的资本和证券市场，形成多层级证券主导的中小企业融资体系，特别是风险投资和私募股权成为科技创新的重要融资支持。日本和德国以中央银行为主体，建立主银行制下的商业银行支持和多层级担保体系，对科技型中小企业提供了较为全面的融资服务。韩国主要通过中央银行政策支持和监督，要求商业银行将科技创新资金支持作为业务的必要组成部分，此外通过建立两级政府政策基金，支持科技型中小企业发展。

国内方面，经过几年来的创新实践，部分省市探索出符合我国科技创新的融资模式，特别是以中关村为试验区进行的有益探索，丰富和完善了我国科技型中小企业的融资渠道，尤其是股权债权以及数字化背景下信用交易平台的建设，实现了科技型中小企业融资模式的有益创新。此外，多主体参与的知识产权融资模式，政府以风险补偿和贴息的方式进行支持，并引入科技型担保公司，较大程度上分散了商业银行知识产权质押融资面临的风险，提高了商业银行参与意愿。综上，对比发现国外关于科技创新和科技型中小企业融资模式更加多样化，特别是风险投资、政府、政策基金以及担保融资体系更加全面，金融机构参与意愿和激励机制更加完善，我国科技型中小企业在模式创新方面也做出了探索性的讨论与实践，为宁夏乃至西部西区提供有益借鉴。

8.3　本章小结

首先，本章对国内外科技创新、中小企业以及科技型中小企业融资的政策进行梳理和分析，重点梳理美国、日本等发达国家在支持科技型中小企业融资方面的相关法律法规及政策，我国国家层面以及具有典型代表性的省份规章和政策，并对国内外相关政策进行了对比分析；其次，就国外发达国家支持科技型中小企业融资的模式以及国内典型的融资模式进行阐述，对比分析并总结出相关的经验做法。

第9章 科技型中小企业融资建议与对策

综观国内外现有关于科技型中小企业融资的法律政策以及措施，围绕科技型中小企业融资困境，各国政府、金融机构、担保机构以及科技型中小企业自身均做出了众多尝试和努力。现代融资环境和体系的建设为科技型中小企业融资提供了更为广阔的平台和渠道。然而，由于各个国家历史发展、经济发展、政策支持程度以及信息、法律环境的差异，科技型中小企业面临的融资现状也不同。本章基于国内外关于科技型中小企业融资的经验，结合理论归纳和实证研究结论，基于我国科技创新发展以及科技型中小企业融资现状和面临的实际问题，对支持科技型中小企业融资的建议和对策进行探讨。

9.1 完善法律法规，健全科技型中小企业融资政策

9.1.1 完善科技型中小企业融资相关法律法规

法律法规是科技型中小企业创新发展的基本保障，是政府支持科技型中小企业发展的重要举措，也是优化中小企业投融资环境，建立现代化融资服务体系，解决科技型中小企业融资困境的根本保障。相比国外发达国家健全的法律法规政策支持体系，我国在支持中小企业特别是科技型中小企业发展方面的法律法规以及政策相对滞后。虽然我国在 2002 年出台了支持中小企业发展的基础性法律《中小企

业促进法》，并且各个省份及地方也相继出台了关于促进中小企业发展的相关条例，但目前尚不存在专门支持科技中小企业的立法机构，且表现为所立法律法规的内容和科技型中小企业发展不匹配不适用的情形。此外，科技型中小企业融资担保以及知识产权方法的相关法律法规，对科技型中小企业担保融资、知识产权评估与质押融资以及科技成果转化等方面的支持和保障力度有待进一步提升。

在科技型中小企业融资服务的法律与政策支持方面，我国应尽快完善和健全科技型中小企业法律体系，以《中小企业促进法》为基石，进一步完善科技型中小企业知识产权保护、评估以及质押的相关法律，促进科技型中小企业创新产品的质押融资，拓宽融资渠道。此外，修订完善并明确商业银行、证券以及保险等相关法律中，关于科技型中小企业创新发展和融资支持的相关内容，完善法律法规支持。同时，应借鉴美国、日本等发达国家管理科技型中小企业融资的法律体系建设，明确科技型中小企业的法律地位，细化科技产业政策和政府政策在支持科技型中小企业发展过程中发挥的具体作用和承担的责任，从法律法规层面，确立科技型中小企业融资过程中各主体之间的权利和义务，明确监督和管理职责与范围。同时要建立多层级、多主体和互补的科技型中小企业政策性和间接性融资法律法规，从政策法规方面优化科技型中小企业融资结构。

9.1.2　健全和优化科技型中小企业融资税收政策

融资政策是缓解科技型中小企业融资约束的重要方式和途径。纵观国外关于科技创新发展和科技型中小企业融资的相关政策，主要以税收政策、担保政策以及风险投资政策为重点，进行较为全面且细致的规定和实际支持。政策具有提供导向性和指引性，能够为科技型中小企业发展提供政策导向，为科技创新和科技型中小企业融资提供直接和间接支持。改革开放以来，为促进国民经济发展和企业创新，我国在税收政策方面做出了诸多相关性改革和创新，很大程度上优化了企业经营纳税政策和减轻了企业经营负担，通过税收减免和补贴等方式对科技创新和科技型中小企业融资提供支持，主要体现在研发创新的税收减免和降费，如增加研发费用加计扣除比例等。但在税收支持手段和覆盖面上与发达国家存在一定差距，我国应对研发投入税收、设备购置以及研发退税等相应政策进行完善，丰富税收优惠的方式。其中，税收减免属于事前税收优惠支持政策，即根据科技型中小企业经营规模、研发投入进行税收减免或者支持。事后税收优惠主要指国家通过税收手段进行利益让渡，但对科技型中小企业而言，需要达到一定的利润水平才能够达到税收让渡。但对于科技型中小企业而言，企业经营规模较小，研发风险高，企业利润水平较低，事后税收政策一般情况下难以满足。因此，国家应在事前税收优惠政策上给予科技型中小企业更多的支持。

首先，应进一步扩大税前扣除项目的范围及标准，不仅对企业研发投入增加额度进行税收抵扣和返还，同时应完善对企业研发设备购置、固定设施资产建设的税收优惠，进一步通过税收实现科技型中小企业融资约束的调节。

其次，应加速科技型中小企业固定资产折旧的政策完善，对于特殊性资产进行特别处理。我国税收政策方面，目前对于资产折旧的处理年限较长，并且折旧与残值提取需要同步进行，较大程度上限制了科技型中小企业的资金循环速度，主要表现为步入成长期和成熟期的科技型企业，由于研发设备和固定资产总额的增加，外加新型研发设备更新速度较快，对于特别资产需要进行特别折旧处理才能实现设备更新资金的回笼。因此，国家在税收政策方面，针对科技型中小企业应考虑对其资产进行特殊规定，同时对于折旧残值可以考虑不予计提。

最后，为有利于我国科技创新风险投资和"天使基金"的发展，在税收方面应借鉴和参考日本等发达国家的经验，对于科技创新、科技型中小企业风险投资和"天使投资"进行专门的税收政策支持，促进我国科技创新风险投资领域的发展，拓宽科技型中小企业融资渠道。

9.2　优化政府支持方式，提升财政资金使用效率

9.2.1　实行分类分阶段支持，统筹财政资金使用

科技型中小企业具有明显的生命周期特征，相应地，对于科技型中小企业的融资支持应符合其生命周期内的资金需求特征，即需要建立不同的融资支持策略。结合国内外已有经验及做法：对于初创期科技型中小企业，政府财政资金应主要侧重于孵化和培育资金支持，政府扶持资金设立之初应统筹考虑，特别是对于初创期的企业，可以给予较为灵活的贴息和补偿标准，对具有发展潜力的企业和项目，即使在企业自有资金水平较低的情况下，依然可以通过政府扶持资金实现运营发展；对于成长期企业，结合目前国内的科技型中小企业备案及入库政

策，政府财政资金应综合考虑科技型中小企业的主营业务、行业分类、研发投入以及风险水平等因素，进行差异化融资支持，即政府财政资金支持和税收优惠支持不能执行相同的风险补偿和标准，通过统筹政府财政资金支持比例，最大限度发挥政府资金的引导和支持作用；对于成熟期企业，政府财政资金重点支持科技型企业提升竞争力，专于自身细分领域的创新发展，积极鼓励和帮助企业进行证券市场的融资，争取更多外部市场的融资；对于处于衰退期的科技型中小企业，政府财政资金应重点引导企业进行研发投入和行业的转型，保证前期投资资金回笼和业务的收缩。

此外，政府财政资金除直接补贴和参与引导外，还要加强对政府财政支持绩效的评价，通过构建全面合理的评价指标体系，对财政资金使用效率以及效果进行评价和结果反馈，明确以后财政资金支持的重点方向和使用重点，统筹优化财政资金的使用。

9.2.2　创新财政引导，实行多元化支持方式

长期以来，财政资金具有公益性和无偿性等特征，但在科技创新水平和能力甄别方面具有短板。结合国外政府财政支持科技型中小企业融资发展政策，政府应该创新财政资金支持方式，发挥政府财政的根本作用，构建政府财政引导下科技型中小企业的多元融资方式。

首先，随着政府财政补贴由以前的直接补贴转化为财政资金引导，以政府资金为引导资金的形式成为政府科技财政资金支持科技型中小企业的主要方式，其核心主要是通过政府资金降低投资风险，从而撬动社会资本，鼓励商业银行、风险投资基金的参与，既具有激励性质同时又具备一定的要求，如何更好地发挥政府财政政策的引导作用，可以尝试将政府财政资金委托给专业的科技风险投资企业进行统筹规划，避免政府科技创新投资方面技术甄别的短板，而政府转为对第三方投资机构进行考核与评估。

其次，积极建立财政资金引导下的投资基金和风险担保体系，撬动社会资本，创新融资方式，特别是在以政府财政资金支持形成的科技型企业贷款模式中，应对省级政府、地方财政以及商业银行等社会机构出资的比例进行动态调整，尤其是对于财政收支能力较弱的地方，省级政府应该承担较大的财政支出和风险补偿比例，发挥政府财政的引导和调节作用。

最后，应定期对政府财政支持的科技型中小企业经营能力和创新能力进行评

价和排名，实现动态调整和末位淘汰，即重视政府财政资金后扶持，对一定比例排名靠前的企业进行奖励或者在下一年度的优质企业中给予优先资助，从而引起科技型中小企业的关注，同时对排名末尾的企业按照一定比例取消后续财政补贴资格，为财政资金的使用提供一定的分配依据。

9.3 健全融资服务体系，提高融资服务水平

9.3.1 建设数字化信用平台，完善企业信用评价机制

科技型中小企业融资过程中，由于其自身轻资产、重研发的特征，可质押物和固定资产占比较低，且因经营规范性和财务透明度不足，导致融资渠道较为狭窄，很难获得银行贷款和信贷支持，其实质是资金供给与需求间存在不对称性，也是导致科技型中小企业融资问题的根本原因。随着数字化创新的不断发展，建立数字化背景下的中小企业信用平台成为缓解科技型中小企业融资约束、拓宽融资渠道的重要选择。一方面，类似于中关村推出的数字化信用平台建设，其能够为科技型中小企业提供融资信息支持。同时，经过科技型中小企业长期的信贷数据信息和信誉积累，信用平台能够对科技型中小企业进行准确画像，降低资金提供者与科技型中小企业间的信息不对称水平，减少企业融资成本，降低资金提供方信贷风险。另一方面，数字化信用平台建设，能够提高政府对科技型中小企业以及商业银行等金融机构的治理能力，政府通过控股和成立第三方机构建立数字化信用平台，及时准确地掌握科技型中小企业融资需求状况，以及商业银行等金融机构支持企业发展的力度，能够有效监管科技贷款的违约风险和企业经营情况，并通过信用数据积累沉淀，实现对科技类贷款整体风险的监管与控制，提高金融风险的数字化监管能力，为政府财政支持和施策提供借鉴参考。

此外，由于商业银行、担保机构以及其他服务主体无法掌握科技型中小企业的财务状况、信用状况、企业结构以及经营状况等要素，面临较高的技术和市场风险，信息的不对称性和隐匿性会导致交易过程中风险评估的偏差，导致很多融资渠道和方式依然无法有效解决科技型中小企业的融资难问题，从而可能引起信

贷市场失灵。因此，对科技型企业信用和风险评估，需结合科技型中小企业所属行业和生命周期特征，面对科技型中小企业融资制定专门化的融资和风险评价体系缺乏的实际情况，积极推动建立具有针对性的分类融资评价体系和机制。一方面，健全的会计和财务管理以及规范化经营是企业持续健康发展的根本。因此，从企业注册阶段乃至以后上市，政府和行业协会应极力宣传和推广企业建立标准的财务运营规范。此外，通过建立竞争排名下的奖励制度，企业主动将研发成果、知识产权和经营状况等信息进行上报，并通过企业交易信息、税务信息、工商、银行信息完善企业的信用记录，从而降低信息不对称性，为资金提供方提供尽可能多的参考信息。另一方面，建立科技型中小企业竞争和排名机制，进行公示宣传并进行奖励和政策优惠，克服以往科技型企业信息统计上报过程中的难题，激励企业积极上报融资评价所需的信息，弥补信用评价过程中的信息缺失，完善科技型中小企业信用评价。

9.3.2 建立融资生态环境体系，创新供应链融资方式

科技型中小企业是科技创新的载体，是产业链供应链稳定的重要关键节点。随着供应链金融产品和供应链融资覆盖边界的不断扩展，科技型中小企业供应链融资逐渐成为缓解企业融资约束的创新型融资方式。如前述研究结论所得，供应链融资在科技型中小企业融资过程中具有一定的适用性和可行性。然而，科技型中小企业自身"轻资产、重研发"的特征，使得供应链融资在实际运营过程中，风险性较高且操作难度较大。由于科技型中小企业生产研发周期较长，且存在产出不确定的特征，科技产品的供给需求波动较大，从而使得已有供应链融资模式，如存货质押融资等模式在实际过程中应用范围受限。同时，由于科技型中小企业自身的经营风险，无论是商业银行为主导的供应链金融，还是核心企业为主导的供应链融资，在缓解科技型中小企业融资约束时均难以有效发挥其作用，表现为商业银行针对科技型中小企业的供应链金融产品少，核心企业担保和应收账款确权难等实际问题。因此，应建立科技型中小企业融资生态体系，创新供应链融资模式。一方面，政府应创造科技型中小企业供应链金融生态环境，积极主导科技型中小企业供应链融资活动的开展，以政策和财政支持的方式引导商业银行、风险担保以及法务咨询等机构形成合力，优化供应链金融生态环境。同时，以产业链供应链核心企业为延展，建立和梳理科技型中小企业供应链条，并针对性地设计和构建供应链融资模式，商业银行积极开发符合科技供应链融资的金融

产品，健全供应链金融服务体系。另一方面，基于数字化发展背景，创新科技型中小企业供应链金融模式，积极打造数字化供应链金融服务，实现线上交易审核审批的同时，对科技型中小企业供应链融资交易信息、资金流量及流向以及运作风险进行监管，降低融资成本，提升科技型中小企业供应链融资效率。

9.3.3 完善融资配套服务，提高融资中介服务水平

科技型中小企业融资配套服务是提升企业资金获取效率的重要影响因素。欧美发达国家和日本等亚洲国家，建立了较为完善的风险投资、知识产权质押以及融资担保体系。对比而言，我国在完善科技型中小企业融资配套服务和提高融资水平方面需要关注如下几个方面。

9.3.3.1 大力发展科技型中小企业科技银行

类似科技银行等专业化金融服务机构是促进科技型中小企业融资服务的重要组成部分。科技型中小企业在贷款审核评估过程中，其贷款审核、资产评估以及风险识别具有一定的特殊性，以政策性银行或者通过法律法规规定政策性银行予以一定比例科技贷款的做法，难以满足科技中小企业信贷过程中的信贷审核、风险评估以及对专业化的咨询服务的需求。2012 年，国内首家科技创新银行浦发硅谷银行的成立，开启了国内和境外银行在科技融资服务领域的先河，但我国专业的科技金融服务机构无论数量还是服务水平上仍需进一步补足发展短板。因此，应大力推动科技创新银行和金融机构的建设，健全科技型中小企业融资服务体系。一方面，政府以财政补贴和风险补偿的形式，成立区域性科技银行，专注扶持地方性科技银行建设，实现省市县三级科技银行建设架构，探索围绕高新产业技术区、科技园区以及创业孵化园建设科技型支行，补充现有商业银行及金融机构支持科技创新信贷的不足；另一方面，借鉴日本等发达国家经验做法，政府鼓励商业银行成立专门的科技信贷金融分支或机构，研发针对科技型中小企业融资的金融产品，将科技信贷支持额度作为商业银行考核的指标，并予以奖励公示，从而丰富专业化科技创新融资服务的部门构成。

9.3.3.2 完善科技型中小企业融资担保体系

建立科技型中小企业信用担保体系是发达国家扶持科技创新、缓解科技型中小企业融资约束、降低金融风险和改善融资环境的重要手段。相比而言，我国科技型中小企业担保体系的建设则相对滞后，普遍存在担保资金不充足、再担保体系不健全、信用评价机制不完善等现实问题，即依据现有的担保体系的担保政策

和担保力度，尚不能满足中小企业的资金需求，限制了科技型中小企业融资活动的开展（李柏军，2012）。由于企业融资担保本质具有准公共产品属性，多数国家通过政府出资或者政府自主建设担保体系，完成科技信贷风险担保。因此，政府应进一步发挥主导作用，鼓励非公有制经济设立商业性或互助性信用担保机构，以中小企业为服务对象的信用担保机构，经核准可免征营业税，积极参与和发展社会担保体系，完善和补充科技担保。一方面，除完善现有科技创新融资担保法律法规及政策外，政府应明确科技担保科技型中小企业融资过程中的适应性和必要性，通过国有资本注资、混合经营以及风险补偿等形式，针对性地设置政府独资型、民营型与联营型等各类信用担保机构，积极鼓励社会资本参与，建立灵活性多元化担保体系；另一方面，建立信用担保评级制度规范和资格认证，设定和优化担保门槛和行业标准，并做好监督，积极推进担保市场的规范化运作。

9.3.3.3 完善科技型中小企业知识产权质押融资

知识产权和专利是科技型企业创新研发的主要产出，具有较高的市场价值和潜在的质押融资价值。然而，发明、专利以及软著等知识产权很难成为企业融资的质押物，主要原因是目前我国关于知识产权质押的法律不完善，并且知识产权的流动性较差，特别是知识产权价值波动带来的质押风险，成为制约知识产权质押融资的重要影响因素。一是知识产权价值评估需要专业的机构，由于知识产权细分领域较多，价值评估专业性要求高，专业权威性机构数量不足；二是知识产权质押融资过程中，因其质押风险波动性较大，即使经过专业化评估后仍然很难获得融资市场的青睐，且知识产权本身存在时效性强、变现难的特点，同时科技型中小企业知识产权价值相对较低，质押融资数额往往较小；三是知识产权担保制度以及体系有待进一步完善，特别是当担保风险较高时，在传统担保框架内，知识产权融资担保并非担保业务的优质资产和对象。因此，一方面，应细化知识产权融资的法律和政策支持，完善知识产权类型和评估标准，储备专业复合型人才；另一方面，为了便利科技型中小企业知识产权质押，政府通过政策牵引，优化知识产权交易环境，健全知识产权评估、交易和转交易流程和制度，以财政补贴、风险补偿以及税收优惠等手段分担金融机构和担保机构风险，积极引入保险机制，降低知识产权质押融资风险，推动科技型中小企业知识产权质押融资模式的应用。

9.4 加强融资渠道建设，建立多层次资本市场体系

9.4.1 健全风险投资机制，加强风险投资体系建设

风险投资的出现很大程度上弥补了科技型中小企业融资渠道狭窄的现实问题，国外风险投资资金主要来源于保险、信托投行以及养老金等，而风险投资具有追求高额回报的特征，重点投向增值潜力高的无形资产。与美国发达的风险投资市场相比，我国风险投资起步较晚，政策规划与支持、资金来源以及体系建设尚不完善，风险投资覆盖科技型中小企业的规模相对较小，且存在资金来源单一以及退出机制不完善等实际情形。

首先，政府应为风险投资创造良好的环境，通过制定法律法规确立风险投资的法律地位，制定支持和发展风险投资的政策和制度。完善风险投资机制，我国风险投资重点支持成熟期科技型中小企业，偏离了扶持初创期和成长期科技型中小企业的投资本质，政府应进一步健全风险投资政策与机制，通过财税优惠和风险补偿等方式，对风险投资投向进行引导。可以借鉴美国和日本风险投资模式，将风险投资纳入国家金融扶持战略中，成立国家层面的风险投资管理和监督机构，保证风险投资的平稳运行。

其次，确立风险投资主体，丰富我国风险投资资金来源。虽然我国科技类风险投资资金池额度较高，但民间社会资金未能充分进入，为此，应完善科技风险投资基金准入标准和条件，适时允许保险、信托等进入风险投资行业，鼓励社会资金进入，扩大风险投资基金规模。借鉴发达国家经验，探索将商业银行资金以杠杆形式引入，同时尝试民间个人权益基金的进入，促进风险投资基金来源的多元化。

最后，完善风险投资基金多元化退出机制。退出机制是风险投资决策的先决性条件，由于科技型中小企业的特殊性，以及我国主板市场和二板市场门槛较高，新三板市场是风险投资的选择渠道之一。此外，可以考虑以地方产权交易市场为依托，建立全国统一开放、有序竞争的产权交易市场（李巧莎，2011），或

者政府以回购形式承担部分风险投资基金的退出，为风险投资提供多元化退出机制。

9.4.2　拓宽融资渠道，逐步完善证券市场体系

与发达国家健全的融资支持体系相比，我国传统以商业银行为主的融资体系，难以满足科技创新和中小企业融资贷款需求，特别是科技型中小企业研发创新以及成果产出的特殊性，亟须拓宽企业融资渠道，建立针对性的多层级融资体系。

一是我国资本市场和证券市场组成部分中，中小板和创业板主要服务于在主板市场无法上市的企业，因该板块审核条件上除股本规模较小外，并未对相应条件进行针对性修改，也由于缺乏科技型中小企业上市的针对性政策，现实中融资服务覆盖面和效果未能达到预期，因此，应结合科技型中小企业特征，在关注企业盈利水平和经营规模的同时注重企业的科技创新能力、经营现金流量等核心竞争要素。

二是探索新三板分层分地区建设，新三板市场的设立为我国科技型中小企业上市股权交易提供了新的思路，但上市企业中存在着较为明显的地区性差异，可以探索在全国统一市场的前提下，试点区域性甚至省级市场的建立和运作，实现新三板全国和地方性市场的高低搭配，给予科技型企业证券市场融资更加灵活的选择。

三是尝试探索建立科技型中小企业债券市场，引入承销商做市和私募发行，政府可通过政策指引和监督，适当降低发债主体和担保要求，降低发行门槛，减少费用，积极完善科技型中小企业证券市场融资体系。

9.5　本章小结

本章围绕我国科技型中小企业融资现状和实际问题，结合研究发现和结论，借鉴国内外做法，基于我国科技创新以及科技型中小企业融资的实际情况，给出支持科技型中小企业融资的建议和对策，首先，应完善相关法律法规及政策支持体系，为科技型中小企业融资提供制度保障；其次，应积极发挥政府财政支持引

导作用，提升财政资金使用效率；最后，应健全我国科技担保、知识产权质押融资体系和制度，通过成立科技银行支持科技型中小企业融资，积极完善和补充我国科技创新资本市场组成，为科技创新和科技型中小企业融资提供多元化融资方式和选择。

参考文献

[1] 马卫民，张冉冉．金融科技创新助力科技型中小企业融资——基于企业生命周期视角的分析［J］．科技管理研究，2019，39（22）：114-121.

[2] 郭娜．政府？市场？谁更有效——中小企业融资难解决机制有效性研究［J］．金融研究，2013，393（3）：194-206.

[3] Fazzari S, Hubbard R G, Petersen B. Financing Constraints and Corporate Investment［R］. Brookings Papers on Economic Activity, 1988（1）：141-195.

[4] 李建伟．关于融资约束测度方法的文献评述［J］．北京财贸职业学院学报，2021，37（3）：12-17.

[5] Kaplan S N, Zingales L. Do Investment-Cash Flow Sensitivities Provide Useful Measures of Financing Constraints？［J］. Quarterly Journal of Economics, 1997, 112（1）：169-215.

[6] Lamont O, Polk C, Sa-Requejo. Journal Financial Constraints and Stock Returns［J］. Review of Financial Studies, 2001, 14（2）：529-554.

[7] 陈言，郭琪．融资约束影响企业行为的作用机制研究［J］．理论学刊，2019（2）：80-86.

[8] 陈悦．数字普惠金融对科技型中小企业融资约束的影响研究［D］．西北民族大学硕士学位论文，2023.

[9] 李金，李仕明，熊小舟．我国上市公司投资-现金流敏感度实证研究［J］．管理学报，2007（6）：824-828.

[10] 吴娜，于博，陶航．投资-现金流敏感度能反映企业融资约束吗——附加企业能动性的动态检验［J］．财经科学，2014（1）：81-89.

[11] Almeida Heitor, Campello Murillo, Weisbach Michael Steven. The Cash

Flow Sensitivity of Cash [J]. The Journal of Finance, 2004, 59 (4)：1777-1804.

[12] 杨芳. 融资约束测度方式研究述评 [J]. 时代金融, 2016 (8)：13-14.

[13] 章晓霞, 吴冲锋. 融资约束影响我国上市公司的现金持有政策吗——来自现金-现金流敏感度的分析 [J]. 管理评论, 2006 (10)：59-62.

[14] 李金, 李仕明, 严整. 融资约束与现金—现金流敏感度——来自国内A股上市公司的经验证据 [J]. 管理评论, 2007 (3)：53-57.

[15] 范亚辰, 何广文, 田雅群. 融资约束、融资政策与小额贷款公司双重绩效的实现 [J]. 经济经纬, 2018, 35 (5)：129-135.

[16] 刘喜华, 杨光照, 张宇辰. 劳动力成本、融资约束与企业智能化发展 [J]. 天津大学学报 (社会科学版), 2022, 24 (5)：453-462.

[17] Whited T M, Wu G. Financial Constraints Risk [J]. Review of Financial Studies, 2006 (2)：531-559.

[18] Hadlock C, Pierce J. New Evidence on Measuring Financial Constraints：Moving Beyond the KZ Index [J]. The Review of Financial Studies, 2010 (5)：1909-1940.

[19] 吴秋生, 黄贤环. 财务公司的职能配置与集团成员上市公司融资约束缓解 [J]. 中国工业经济, 2017 (9)：156-173.

[20] 黄文娣, 李远. 融资约束视角下政府补贴与企业技术创新：机理分析与广东数据检验 [J]. 科技管理研究, 2022, 42 (11)：49-55.

[21] Catharina S, Ralf E, Nikolas B. A New Measure of Financial Constraints Applicable to Private and Public Firms [J]. Journal of Banking and Finance, 2019 (101)：270-295.

[22] Athey M J, Laumas P S. Internal Funds and Corporate Funds in India [J]. Journal of Development Economics, 1994, 45 (2)：287-303.

[23] 赵剑锋, 尹航. 沪市公司内部融资约束、现金流与投资行为分析 [J]. 生产力研究, 2006 (8)：66-68.

[24] 王彦超. 融资约束、现金持有与过度投资 [J]. 金融研究, 2009 (7)：121-133.

[25] 施燕平, 刘娥平, 唐舜. 信用评级与公司超额现金持有——债务危机下信用评级的微观角色分析 [J]. 财贸研究, 2015, 26 (5)：116-124+130.

［26］于洪霞，龚六堂，陈玉宇．出口固定成本融资约束与企业出口行为
［J］．经济研究，2011，46（4）：55-67.

［27］李志远，余淼杰．生产率、信贷约束与企业出口：基于中国企业层面
的分析［J］．经济研究，2013，48（6）：85-99.

［28］陈舜．金融发展、融资约束与民营企业的就业增长——基于民营上市
公司数据的实证分析［J］．企业经济，2020，39（7）：145-153.

［29］朱仁友，邢相江．地方政府债务、金融效率与企业融资约束［J］．统
计与决策，2021，37（12）：150-153.

［30］David Irwin. Barriers Faced by SMEs in Raising Bank Finance［J］. International Journal of Entrepreneurial Behavior & Research，2010，16（3）：112-114.

［31］罗正英，周中胜．国外中小企业信贷融资研究的进展与启示［J］．国
外社会科学，2010（5）：102-107.

［32］Berger A N，Uell G F. The Economics of Small Business Finance：The Roles of Private Equity and Debt Markets in the Financial Growth Cycle［J］. Journal of Banking & Finance，1998，22（6）：613-673.

［33］Emmanuel，K. Bank Loan Financing Decisions of Small and Medium-Sized Enterprises［J］. Problems and Perspectives in Management，2015，6（2）：78-85.

［34］Leligou H C，Panagiotis A，Tsakou G，et al. Generic Platform for Registration and Online Offering of Assistance-on-demand Services in an Inclusive Infrastructure［J］. Universal Access in the Information Society，2017（1）：7-14.

［35］万红波，方博轩，张海洋．科技型中小企业融资存在的问题及相应对
策［J］．财务与会计，2020，612（12）：65-66.

［36］杨德勇，代海川，殷赏．中小企业融资约束及应对［J］．中国金融，
2020，932（14）：94-95.

［37］张萌萌，鲁若愚，李广野．金融创新对科创型企业融资的影响——基
于金融科技的视角［J］．税务与经济，2020，4（1）：39-43.

［38］谭之博，赵岳．企业规模与融资来源的实证研究——基于小企业银行
融资抑制的视角［J］．金融研究，2012，381（3）：166-179.

［39］陈艳，杨鹏程．科技型中小企业投资的双重融资约束分析［J］．宏观
经济研究，2015，199（6）：88-100.

［40］聂莉萍．科技型中小企业融资选择分析［J］．技术经济与管理研究，

2015（2）：38-41.

［41］林毅夫，李永军．中小金融机构发展与中小企业融资［J］．经济研究，2001，1（10）：10-18.

［42］李林启，霍舒琪．科技型中小企业知识产权担保融资市场环境分析［J］．河南工业大学学报（社会科学版），2019，15（4）：57-67.

［43］王雪荣，侯新．科技型中小企业存在的融资问题及对策［J］．对外经贸，2018（7）：138-139.

［44］赵武阳，陈超．研发披露、管理层动机与市场认同：来自信息技术业上市公司的证据［J］．南开管理评论，2011，14（4）：100-107.

［45］Hamberg D. R&D：Essays on the Economics of Research and Development［M］．New York：Random House，1966.

［46］刘轩阳．融资约束视角下政府补贴对科技型中小企业研发投入的影响效应研究［D］．河北经贸大学硕士学位论文，2022.

［47］杜琰琰，束兰根．政府风险补偿与科技型中小企业融资结构、财务绩效、创新绩效［J］．上海金融，2015（3）：66-70.

［48］魏玮，毕超．促进科技企业发展的金融支持体系建设研究——以西安市为例［J］．科技进步与对策，2011，28（17）：106-110.

［49］花爱梅．政府在中小企业融资中的作用探讨［J］．财会通讯，2010（17）：21-22.

［50］李巧莎，吴宇．科技型中小企业创新发展的融资实现路径——以河北省为例［J］．税务与经济，2018，4（1）：57-61.

［51］徐冠华．新时期我国科技发展的战略与对策［J］．宏观经济管理，2006（6）：4-9.

［52］孙德升，房汉廷，张明喜．中小科技企业融资痛点与对策研究［J］．中国科技论坛，2017（11）：93-98.

［53］张超，施洁．知识产权质押融资模式的演化博弈研究［J］．技术经济与管理研究，2021（11）：57-61.

［54］李薇，张伟斌．新疆科技型中小企业担保融资创新与风险控制研究［J］．财会通讯，2012（8）：19-21.

［55］TAN Nguyen. Financing Constraints on SMEs in Emerging Markets：Does Financial Literacy Matter［J］．Review of Socio-Economic Perspectives，2017，2

（2）：53-65.

［56］Djuricin S，Beraha I. Promoting Availability of Financing to SMEs in Serbia on the Road to EU Integration［M］. Institute of Economic Sciences，2012.

［57］周宗安，张秀锋. 中小企业融资困境的经济学描述与对策选择［J］. 金融研究，2006（2）：152-158.

［58］Claessens S. Access to Financial Services：A Review of the Issues and Public Policy Objectives［J］. The World Bank Research Observer，2006，21（2）：207-240.

［59］周月书，杨军. 农村中小企业融资障碍因素分析——来自江苏吴江和常熟的问卷调查［J］. 中国农村经济，2009（7）：77-85.

［60］Berger A N，Udell G F. A More Complete Conceptual Framework for SME Finance［J］. Journal of Banking and Finance，2006（30）：2945-2966.

［61］Berg G，Fuchs M. Bank financing of SMEs in five Sub-Saharan African countries：The role of competition，innovation，and the government［R］. Policy Research Working Paper，2013.

［62］Cencen A，Verlinden J C，Geraedts J. Design Methodology to Improve Human-Robot Coproduction in Small-and Medium-Sized Enterprises［J］. IEEE/ASME Transactions on Mechatronics，2018，28（3）：1092-1093.

［63］马凌远，李晓敏. 科技金融政策促进了地区创新水平提升吗？——基于"促进科技和金融结合试点"的准自然实验［J］. 中国软科学，2019，348（12）：30-42.

［64］李全，龙小燕，赵雅敬. 科技型中小企业融资支撑体系的构建［J］. 经济研究参考，2014（25）：35-44.

［65］吕劲松. 关于中小企业融资难、融资贵问题的思考［J］. 金融研究，2015，425（11）：115-123.

［66］朱天一，徐天舒. 支持中小企业创新发展的投融资国际经验借鉴［J］. 中国注册会计师，2021，267（8）：124-126.

［67］朱燕萍，陈德昌. 规范财务管理提高中小企业融资能力［J］. 技术经济与管理研究，2004（2）：73-74.

［68］Tech R. Financing High-Tech Startups［M］. London：Springer Books,2018.

［69］徐菱芳，陈国宏. 基于信号传递博弈的产业集群中小企业融资分析

[J]. 中国管理科学, 2012, 20 (4): 74-78.

[70] Beck, T, Demirgüç – Kunt, A & Pería, M S M. Bank Financing for SMEs: Evidence Across Countries and Bank Ownership Types [J]. Journal of Financial Services Research, 2011 (39): 35-54.

[71] Dietrich A. Explaining Loan Rate Differentials between Small and Large Companies: Evidence from Switzerland [J]. Small Business Economics, 2012, 38 (4):481-494.

[72] Asch, Latimer. Credit Scoring: A tool for More Efficient SME Lending [R]. New ideas from the world of small and medium enterprises Washington, D. C. : World Bank Group, 2000.

[73] 晏露蓉, 赖永文, 张斌, 等. 创建合理高效的中小企业融资担保体系研究 [J]. 金融研究, 2007 (10): 152-165.

[74] 梁静. 中小企业新三板挂牌上市意义分析 [J]. 当代经济, 2016, 413 (17): 34-35.

[75] 蒋武林, 张克荣, 周子健. 基于因子分析法的安徽省科技型中小企业融资能力评价研究 [J]. 荆楚理工学院学报, 2019, 34 (2): 65-70.

[76] 闫俊宏, 许祥秦. 基于供应链金融的中小企业融资模式分析 [J]. 上海金融, 2007 (2): 14-16.

[77] 胡跃飞, 黄少卿. 供应链金融: 背景、创新与概念界定 [J]. 金融研究, 2009 (8): 194-206.

[78] Saulnier R J, Jacoby N H. The Development of Accounts Receivable Financing [M]. Cambridge: NBER, 1943.

[79] Wessman M B. Purchase Money Inventory Financing: The Case for Limited Cross – collateralization [M]. The Ohio State Law Journal, 1990, 51 (3): 1283-1447.

[80] Hartley-Urquhart W R. Supply Chain Financing System and Method [M]. Washington, D. C. : Patent and Trademark Office, 2000.

[81] Klapper L. The Role of Factoring for Financing Small and Medium Enterprises [J]. Journal of Banking & Finance, 2006, 30 (11): 3111-3130.

[82] Mapper L. The Role of Reverse Factoring in Supplier Financing of Small and Medium Sized Enterprises [J]. World Bank, 2004, 9 (5): 102-103.

［83］Stemmler L, Seuring S. Finanzwirtschaftliche Elemente in der Lieferketten-steuerung-Erste?［J］. Logistik Management, 2003（4）：7-49.

［84］任文超. 物资银行及其实践［J］. 科学决策, 1998, 2（2）：18-20.

［85］罗齐, 朱道立, 陈伯铭. 第三方物流服务创新：融通仓及其运作模式初探［J］. 中国流通经济, 2002（2）：11-14.

［86］冯耕中. 物流金融业务创新分析［J］. 预测, 2007, 26（1）：49-54.

［87］李毅学, 徐渝, 冯耕中. 国内外物流金融业务比较分析及案例研究［J］. 管理评论, 2007, 19（10）：55-62.

［88］杨绍辉. 从商业银行的业务模式看供应链融资服务［J］. 物流技术, 2005（10）：179-182.

［89］供应链金融课题组. 供应链金融新经济下的新金融［M］. 上海：上海远东出版社, 2009.

［90］辛玉红, 李小莉. 供应链金融的理论综述［J］. 武汉金融, 2013（4）：35-37.

［91］Hofmann, E. Supply Chain Finance：Some Conceptual Insights［J］. Logistic Management-innovative Logistic Concepts, 2005（S1）：203-214.

［92］Camerinelli E. Supply Chain Finance［J］. Journal of Payments Strategy & Systems, 2009, 3（2）：114-128.

［93］Chen X, Hu C. The Value of Supply Chain Finance［M］. InTech, 2011.

［94］郭文伟. 企业特征、融资模式与科技型中小企业信贷风险［J］. 软科学, 2013, 27（12）：72-75.

［95］Hofmann E, Kotzab H. A Supply Chain-oriented Approach of Working Capital Management［J］. Journal of Business Logistics, 2010, 31（2）：305-330.

［96］宋华, 卢强. 什么样的中小企业能够从供应链金融中获益？——基于网络和能力视角［J］. 管理世界, 2017（6）：104-121.

［97］郭清马. 供应链金融模式及其风险管理研究［J］. 金融教学与研究, 2010（2）：2-9.

［98］王波, 黄德春, 黄正伟. 资金约束供应链融资决策与协调策略研究综述［J］. 重庆工商大学学报（社会科学版）, 2016, 33（6）：49-55.

［99］Michael Lamoureux. A Supply Chain Finance Prime［J］. Supply Chain Finance, 2007（4）：34-48.

[100] 刘可, 缪宏伟. 供应链金融发展与中小企业融资——基于制造业中小上市公司的实证分析 [J]. 金融论坛, 2013, 18 (1): 36-44.

[101] 薛文广, 张英明. 供应链金融对中小企业融资约束的影响 [J]. 财会月刊, 2015 (26): 86-89.

[102] 李宝宝, 李婷婷, 耿成轩. 供应链金融与中小企业融资约束——以制造行业中小上市公司为例 [J]. 华东经济管理, 2016, 30 (11): 174-179.

[103] 韩民, 高戍煦. 供应链金融对企业融资约束的缓解作用——产融企业与非产融企业的对比分析 [J]. 金融经济学研究, 2017, 32 (4): 59-69.

[104] 周卉, 谭跃, 鄢波. 供应链金融与企业融资约束: 效果、作用机理及调节因素 [J]. 商业研究, 2017 (9): 163-169.

[105] 王立清, 胡滢. 供应链金融与企业融资约束改善——基于产融结合与战略承诺的调节作用分析 [J]. 中国流通经济, 2018, 32 (6): 122-128.

[106] 朱玮玮. 供应链金融能降低融资约束吗? [J]. 中国注册会计师, 2022 (4): 54-57.

[107] 陈晶璞, 骆良真. 供应链集中度、供应链金融与中小企业融资约束——来自中小板、创业板上市公司的经验证据 [J]. 武汉金融, 2022 (6): 63-70+82.

[108] 郭景先, 鲁营. 供应链金融、供应链集中度与企业创新非效率投资 [J]. 华东经济管理, 2023, 37 (5): 119-128.

[109] 徐鹏, 孙宁, 敖雨. 供应链金融与企业创新投入 [J]. 外国经济与管理, 2022, 11 (3): 7-14.

[110] 宋华, 黄千员, 杨雨东. 金融导向和供应链导向的供应链金融对企业绩效的影响 [J]. 管理学报, 2021, 18 (5): 760-768.

[111] Zhang T, Zhang C Y, Pei Q. Misconception of Providing Supply Chain Finance: It's Stabilizing Role [J]. International Journal of Production Economics, 2019 (213): 175-184.

[112] 武晨. 客户集中度与企业创新绩效: 供应链金融的值变效应 [J]. 金融经济学研究, 2021, 36 (5): 114-132.

[113] 姚王信, 夏娟, 孙婷婷. 供应链金融视角下科技型中小企业融资约束及其缓解研究 [J]. 科技进步与对策, 2017, 34 (4): 105-110.

[114] 顾群. 供应链金融缓解融资约束效应研究——来自科技型中小企业的

经验证据 [J]. 财经论丛，2016 (5)：28-34.

[115] 刘兢轶，杨梅，郭净. 供应链金融能缓解科技型中小企业融资约束吗?——基于中小板上市公司的经验数据 [J]. 会计之友，2019 (10)：116-121.

[116] 刘迅，颜莉. 基于供应链的科技型中小企业融资模式分析 [J]. 统计与决策，2012 (5)：186-188.

[117] 杨磊，唐瑞红，陈雪. 科技型中小企业在线供应链金融创新融资模式 [J]. 科技管理研究，2016 (19)：214-219.

[118] 刘兆莹，戴志远，赵晓玲，等. 基于应收账款证券化的中小企业供应链融资 [J]. 农村金融研究，2017，451 (10)：26-29.

[119] 范方志，苏国强，李海海. 科技型小微企业供应链融资模式创新研究 [J]. 宁夏社会科学，2018 (1)：110-116.

[120] 窦亚芹，高昕，郑明轩. 数字供应链金融与科技型企业融资模式创新 [J]. 科技管理研究，2020，40 (8)：112-119.

[121] 谢晓国. 江西省发展科技型中小企业战略思考 [J]. 企业经济，2004 (12)：127-129.

[122] 章卫民，劳剑东，李湛. 科技型中小企业成长阶段分析及划分标准 [J]. 科学学与科学技术管理，2008 (5)：137-141.

[123] 科技部，财政部，国家税务总局. 关于印发《科技型中小企业评价办法》的通知 [EB/OL]. http://www.most.gov.cn/mostinfo/xinxifenlei/fgzc/gfxwj/gfxwj2017/201705/t20170510_132709.htm.

[124] 黄东坡. 中小企业融资需求与供给理论述评 [J]. 财会通讯：综合 (上)，2015 (8)：59-61.

[125] 仇荣国，孔玉生. 基于企业生命周期的科技型小微企业信贷融资机制 [J]. 系统工程，2017，35 (1)：13-22.

[126] 全丽萍. 非对称信息下中小企业融资问题研究——兼论我国中小金融机构的发展 [J]. 管理世界，2002 (6)：144-145.

[127] 梁曙霞，李秀波. 科技型中小企业金融支持体系的构建与作用机制 [J]. 经济问题探索，2012，7 (11)：62-65.

[128] 徐鲲，李宁，鲍新中. 第三方中介平台参与的知识产权质押融资合作机制 [J]. 科技管理研究，2019，39 (5)：122-129.

[129] 赵丽丽. 基于社会资本的科技型企业融资机制与效率研究 [D]. 哈

尔滨工程大学博士学位论文，2018.

[130] 陈国进，王少谦. 经济政策不确定性如何影响企业投资行为 [J]. 财贸经济，2016（5）：5-21.

[131] 郑霞. 政策视角下小微企业融资机制创新研究 [J]. 中央财经大学学报，2015（1）：41-46.

[132] 张玉明，王春燕. 协同视角下科技型中小企业融资信用治理机制研究 [J]. 山东大学学报（哲学社会科学版），2017，220（1）：18-25.

[133] Stevens G C. Integrating the Supply Chain [J]. International Journal of Physical Distribution & Materials Management，1989，19（8）：3-8.

[134] LaLonde B J, Pohlen T L. Issues in Supply Chain Costing [J]. The International Journal of Logistics Management，1996，7（1）：1-12.

[135] 马士华，林勇. 供应链管理（第四版）[M]. 北京：机械工业出版社，2014.

[136] 张睿. 核心企业的供应链融资运作机制研究 [D]. 武汉理工大学博士学位论文，2013.

[137] Baltensperger E. Credit Rationing Theory：Issues and Questions [J]. Journal of Money, Credit and Banking，1978，10（2）：170-183.

[138] 汤继强. 我国科技型中小企业融资政策研究 [D]. 西南财经大学博士学位论文，2008.

[139] Joseph E, Stiglitz, Andrew Weiss. Credit Rationing in Markets with Imperfect Information [J]. The American Economic Review，1981，71（3）：393-410.

[140] 杜军. 中小企业融资影响因素实证研究 [D]. 西南财经大学博士学位论文，2023.

[141] 陈玉荣. 科技型中小企业各生命周期阶段的特点及融资策略 [J]. 科技进步与对策，2010，27（14）：91-93.

[142] 吴琨，舒静. 科技型中小企业融资模式研究——基于技术创新生命周期的视角 [J]. 科技管理研究，2011，31（7）：177-179.

[143] 邵永同. 科技型中小企业融资模式创新研究 [M]. 北京：知识产权出版社，2014.

[144] 徐京平. 我国科技型中小企业融资体系研究 [D]. 西北大学博士学位论文，2014.

[145] 张玉明，王春燕．协同视角下科技型中小企业融资信用治理机制研究 [J]．山东大学学报（哲学社会科学版），2017（1）：18-25．

[146] 段庆林，杨巧红．2017 宁夏经济蓝皮书 [M]．银川：宁夏人民出版社，2016．

[147] 王伟，寇楠，李明媛．科技型中小企业融资能力影响因素实证分析 [J]．创新科技，2020，20（10）：51-58．

[148] 顾婧，李慧丰，倪天翔．科技型中小企业融资障碍因素研究——来自成都科技型中小企业的经验证据 [J]．科技管理研究，2015，35（3）：97-101．

[149] 吴岩．中小企业融资能力评价研究——层次分析法 [J]．中外企业家，2013（11）：90-93．

[150] 孙林杰，孙林昭，李志刚．科技型中小企业融资能力评价研究 [J]．科学学与科学技术管理，2007（5）：146-150．

[151] 沈志远，高新才．科技型小微企业融资能力评价及提升对策 [J]．科技进步与对策，2013（12）：133-136．

[152] 刘尧飞．科技型中小企业融资能力理论研究与实证分析 [J]．南京邮电大学学报（社会科学版），2014，16（2）：34-41．

[153] 颜赛燕．基于 AHP-模糊数学综合评价的科技型中小企业融资效果研究 [J]．工业技术经济，2020（3）：75-81．

[154] 陈战波，朱喜安．科技型中小企业持续创新能力评价体系研究 [J]．技术经济与管理研究，2015（3）：32-36．

[155] 姚永鹏，刘洪秀．兰州市科技型中小企业融资能力评价 [J]．科技和产业，2018（1）：86-91．

[156] 徐海龙，王宏伟．科技型中小企业全生命周期金融支持研究——基于风险特征的分析视角 [J]．科学管理研究，2018，36（3）：56-59．

[157] 孟宪萌，束龙仓，卢耀如．基于熵权的改进 DRASTIC 模型在地下水脆弱性评价中的应用 [J]．水利学报，2007，38（1）：94-99．

[158] 黄德春，王波，郭书东．中国 1998—2013 年金融体系脆弱性评价 [J]．河海大学学报（哲学社会科学版），2015，17（5）：61-66．

[159] 赵家凤，朱广其．科技型中小企业金融支持的政府参与问题 [J]．安徽行政学院学报，2019（1）：32-36．

[160] 宋华，卢强，喻开．供应链金融与银行借贷影响中小企业融资绩效的

对比研究［J］. 管理学报，2017，14（6）：897-907.

[161] 张伟斌，刘可. 供应链金融发展能降低中小企业融资约束吗？——基于中小上市公司的实证分析［J］. 经济科学，2012（3）：110-117.

[162] 王悦亨，李纪珍，陈思澍. 科技型中小企业的定义与生命周期初探［J］. 创新与创业管理，2014（1）：108-127.

[163] 高松，庄辉，王莹. 科技型中小企业生命周期各阶段经营特征研究［J］. 科研管理，2011，32（12）：119-125.

[164] 李希义，朱颖. 设立知识产权质押贷款专项基金的研究探讨——基于财政资金创新使用角度［J］. 科学学研究，2016，34（6）：882-886.

[165] 周文泳，周小敏，姚俊兰. 政府补贴、生命周期和科技服务企业价值［J］. 同济大学学报（自然科学版），2019，47（6）：888-896.

[166] 李哲. 科技创新政策的热点及思考［J］. 科学学研究，2017，35（2）：177-182.

[167] 陈庆江. 政府科技投入能否提高企业技术创新效率？［J］. 经济管理，2017，39（2）：6-19.

[168] 刘莉，杨宏睿. 数字金融、融资约束与中小企业科技创新——基于新三板数据的实证研究［J］. 华东经济管理，2022，36（5）：15-23.

[169] 彭璐. 数字化供应链金融促进中小企业融资的路径研究［J］. 国际金融，2022（6）：57-62.

[170] 杨毅，朱秋华，杨婷. 内部控制、供应链金融与中小企业融资约束——基于创业板上市公司的经验证据［J］. 武汉金融，2019（9）：66-73.

[171] 秦江波. 中国供应链金融发展现状及对策［J］. 学术交流，2021（5）：103-115.

[172] 韩晓宇，邓宇. 数字化驱动供应链金融升级［J］. 中国金融，2020（7）：55-57.

[173] 祁好英. 数字普惠金融、管理者意识与企业数字化转型——基于长三角中小制造企业的调查数据［J］. 财会通讯，2023（8）：58-62.

[174] 陈立，蒋艳秋. 财税政策、融资约束与创新绩效——基于科技型中小企业的实证研究［J］. 重庆理工大学学报（社会科学版），2021，35（4）：112-121.

[175] 张秀秀，韩雯. 科技型中小企业融资困境及成因分析［J］. 中国管理

信息化，2022，25（1）：127-130.

　　［176］王小腾．供应链金融对中小企业融资约束的缓解效应研究——基于我国中小板上市公司财务数据的分析［J］．中国产经，2022（20）：47-49.

　　［177］韩刚．商业银行金融创新与科技型小微企业融资困境突破——以交通银行苏州科技支行为例［J］．金融理论与实践，2012（4）：20-23.

　　［178］张敏．供应链融资、信息不对称与融资约束［J］．财会通讯，2018（9）：121-124.

　　［179］刘纯汐．供应链金融能缓解中小企业融资约束吗？——基于信息披露质量的异质性分析［J］．区域金融研究，2021（8）：40-46.

　　［180］贾汉星，郭文波．双循环新发展格局下供应链金融信用传导机制分析与对策——基于核心企业结构洞察视角［J］．首都师范大学学报（社会科学版），2021（5）：160-168.

　　［181］周雷，邓雨，张语嫣．区块链赋能下供应链金融服务小微企业融资博弈分析［J］．金融理论与实践，2021（9）：21-31.

　　［182］周达勇，吴瑶．区块链技术下供应链金融与科技型中小企业融资［J］．新金融，2020（10）：49-54.

　　［183］宋华，韩思齐，刘文诣．数字技术如何构建供应链金融网络信任关系？［J］．管理世界，2022，38（3）：182-200.

　　［184］Almeida H，Campello M，Weisbach M S. Environmental Rationality［J］. The Journal of Finance，2004，59（4）：1777-1804.

　　［185］张黎娜，苏雪莎，袁磊．供应链金融与企业数字化转型——异质性特征、渠道机制与非信任环境下的效应差异［J］．金融经济学研究，2021，36（6）：51-67.

　　［186］吴伟霄，李志民，张子聪．供应链金融对实体经济的影响研究——基于中小企业融资约束分析［J］．区域金融研究，2023（3）：13-20.

　　［187］岳树民，肖春明．增值税留抵退税能够缓解企业融资约束吗——基于现金-现金流敏感性的实证证据［J］．财贸经济，2023，44（1）：51-67.

　　［188］罗喜英，郭伟．企业数字化转型对会计信息质量的影响［J］．财会月刊，2023，44（13）：146-152.

　　［189］王波．科技型中小企业供应链融资模式研究——基于政府资金引导视角［J］．技术经济与管理研究，2021（3）：45-49.

[190] 余得生，杨礼华．数字普惠金融、供应链金融与企业全要素生产率——以制造业为例 [J]．武汉金融，2022（4）：21-28.

[191] 吴翌琳，黄实磊．融资效率对企业双元创新投资的影响研究——兼论产品市场竞争的作用 [J]．会计研究，2021（12）：121-135.

[192] 卢强，刘贝妮，宋华．中小企业能力对供应链融资绩效的影响：基于信息的视角 [J]．南开管理评论，2019，22（3）：122-136.

[193] 徐佳．战略激进度、会计信息质量与融资效率 [J]．财会通讯，2020（19）：34-36.

[194] 凌润泽，潘爱玲，李彬．供应链金融能否提升企业创新水平？[J]．财经研究，2021，47（2）：64-78.

[195] 李娟，刘慧玲．供应链金融智慧化创新的内在机理研究——基于扎根理论的探索性分析 [J]．技术经济与管理研究，2021（1）：66-70.

[196] 潘爱玲，凌润泽，李彬．供应链金融如何服务实体经济——基于资本结构调整的微观证据 [J]．经济管理，2021，43（8）：41-55.

[197] Federico Caniato, et al. Does Finance Solve the Supply Chain Financing Problem? [J]. Supply Chain Management: An International Journal, 2016, 21 (5): 534-549.

[198] 伍光明．盈余质量、经济政策不确定性与融资效率——基于新三板挂牌公司的证据 [J]．财会通讯，2021（8）：48-52.

[199] 徐晓慧，朱和平．营运资金管理效率与公司绩效相关性研究——以江浙制造业中小板上市公司为例 [J]．会计之友，2015（4）：101-104.

[200] 王巍．科创板上市企业创新能力与融资效率研究 [J]．农村经济与科技，2021，32（3）：167-168.

[201] 宋华．供应链金融：从金融导向、供应链导向到网络生态导向、金融科技导向的演进 [J]．研究与发展管理，2020，32（5）：1-2.

[202] 兰素英，于敏．OPM 战略、营运资本管理效率与企业价值——基于制造业上市公司供应链管理的视角 [J]．会计之友，2019（15）：55-59.

[203] 李明娟，曲明明．供应链融资与批零业多渠道营运资本管理绩效关系研究 [J]．商业经济研究，2021（4）：155-158.

[204] 张嘉望，李博阳，雷宏振．政府研发支持与企业创新能力关系的再审视——基于"脱实向虚"背景下的融资激励视角 [J]．当代经济管理，2022，44

（8）：50-63.

[205] 高劲，宋佳讯．供应链融资与企业全要素生产率——基于中国上市公司特征的分析 [J]．金融与经济，2022（4）：3-12.

[206] 王嘉鑫，汪芸倩，张龙平．利率管制松绑、企业会计信息披露质量与融资约束 [J]．经济管理，2020，42（4）：139-157.

[207] Hann Rebecca N，Kim Heedong，Wang Wenfeng，et al. Information Frictions and Productivity Dispersion：The Role of Accounting Information [J]. The Accounting Review，2020，95（3）：223-250.

[208] 吕广仁，王东．会计信息标准化提升与供应链管理 [J]．会计之友，2018（10）：122-124.

[209] 陈丽颖．供应链金融中会计信息系统面临的挑战及对策 [J]．财会研究，2017（4）：39-40.

[210] 周率，王子博，夏睿瞳．资本市场开放对企业融资效率的影响研究——基于“沪港通”的准自然实验 [J]．海南大学学报（人文社会科学版），2021，39（5）：91-100.

[211] 申嫦娥，魏荣桓，田洲．供应链集成、营运资金管理效率与资本结构 [J]．学术论坛，2016，39（12）：63-68.

[212] 吴祖光，万迪昉，康华．客户集中度、企业规模与研发投入强度——来自创业板上市公司的经验证据 [J]．研究与发展管理，2017，29（5）：43-53.

[213] 赵利娟，姚海鑫，孙梦男．盈余管理中 Jones 模型发展与演变的研究综述 [J]．财会通讯，2018（18）：123-128.

[214] 马春光．风险投资参与、会计信息质量与企业投融资效率 [J]．财会通讯，2019（21）：15-18.

[215] 佘硕，王巧，张阿城．技术创新、产业结构与城市绿色全要素生产率——基于国家低碳城市试点的影响渠道检验 [J]．经济与管理研究，2020，41（8）：44-61.

[216] 张瑶，王斌，刘艺林．财政政策、经济周期与企业盈利 [J]．南开经济研究，2022（4）：43-61.

[217] 蓝图，张彦．政府补助、研发投入与科技创新企业融资效率研究 [J]．中国注册会计师，2020（12）：70-74.

[218] 陈燕．地方政府对科技型中小企业的金融扶持政策研究 [D]．上海

交通大学博士学位论文，2018.

[219] 吴田. 促进科技型中小企业的国际政策比较研究 [J]. 湖北第二师范学院学报，2015，32（7）：36-39.

[220] 安同信，刘祥霞. 破解中国科技型中小企业融资难问题的路径研究——基于日本经验的借鉴 [J]. 理论学刊，2015，260（10）：52-61.

[221] 李巧莎. 日本科技型中小企业融资：经验借鉴及启示 [J]. 科技管理研究，2011，31（5）：43-47.

[222] 苏杭. 日本中小企业发展与中小企业政策 [M]. 中国社会科学出版社，2008.

[223] 马秋君. 科技型中小企业融资的国际经验借鉴 [J]. 科技管理研究，2013，33（7）：36-40.

[224] 李柏军. 美国中小企业多元融资模式及其启示 [J]. 理论探讨，2012，166（3）：89-92.

[225] 田盖地. 美国中小企业融资模式分析 [J]. 河北企业，2017，337（8）：185-186.

[226] 何韧. 德国银行业关系融资的理论与实践 [J]. 世界经济研究，2004，8（10）：52-56.

[227] 肖扬清. 中小企业信用担保体系：日本的经验与启示 [J]. 当代经济研究，2008，12（2）：68-72.

[228] 杨晓庆. 日本韩国中小企业融资研究 [D]. 吉林大学博士学位论文，2013.

[229] 康雷宇. 投贷联动：模式选择与风险防范 [J]. 农村金融研究，2017（6）：13-17.

[230] Kaplan S. N., Zingales L. Do Investment-cash Flow Sensitivities Provide Useful Measures of Financing Constraints？ [J]. The Quarterly Journal of Economics，1997，112（1）：169-215.

[231] Fazzari S. M., & Petersen B. C. Working Capital and Fixed Investment：New Evidence on Financing Constraints [J]. The Rand Journal of Economics，1993，24（3）：328-342.

[232] Gilchrist S., & Himmelberg C. P. Evidence on the Role of Cash Flow for Investment [J]. Journal of Monetary Economics，1995，36（3）：541-572.

［233］Ross S A. The Determination of Financial Structure：The Incentive-Signalling Approach ［J］. Bell Journal of Economics，1977，8（1）：23-40.

［234］Mayers D. The Determination of Financial Structure：The incentive-signaling approach ［J］. The Journal of Finance，1984，39（3）：844-856.

［235］Jaffee D.，& Modigliani F. A tHeory and Test of Credit Rationing ［J］. The American Economic Review，1969，59（5）：850-872.

［236］Keeton W. R. Deposit Interest Rate Ceilings as Credit Controls ［J］. Federal Reserve Bank of Kansas City Economic Review，1979，64（7）：3-18.

［237］王海荣，耿成轩. 我国新能源产业动态融资效率研究——基于面板数据的广义 DEA 模型 ［J］. 商业会计，2019（18）：51-53.

［238］张瑞敏. 我国企业融资效率研究综述 ［J］. 合作经济与科技，2021（08）：62-63.

［239］谢婷婷，马洁. 西部节能环保产业上市公司融资效率及影响因素探究 ［J］. 财会月刊，2016（24）：79-84.

［240］曾刚，耿成轩. 基于 Super-SBM 和 Logit 模型的战略性新兴产业融资效率及影响因素研究 ［J］. 科技管理研究，2019，39（16）：135-143.

［241］许珂，耿成轩. 金融发展、融资约束与战略性新兴产业融资效率 ［J］. 技术经济与管理研究，2020（4）：102-106.

［242］吴庆田，王倩. 普惠金融发展质量与中小企业融资效率 ［J］. 金融与经济，2020（9）：37-43.

［243］张海君. 内部控制、法制环境与企业融资效率——基于 A 股上市公司的经验证据 ［J］. 山西财经大学学报，2017，39（7）：84-97.

附 录

宁夏科技型中小企业融资调查问卷

非常感谢您能抽出时间参与本次调查问卷。为了促进科技型中小企业健康快速发展，对中小企业融资现状进行问卷调查，请根据实际情况填写，谢谢您的参与，祝您身体健康，事业成功！

第一部分　基本资料及信息

1. 贵公司创办时间？

□1~3 年

□3~5 年

□5~10 年

□10 年以上

2. 贵公司目前所处的发展阶段是？

□初创期

□成长期

□成熟期

3. 贵公司所处的行业是？

□电子信息行业

□先进制造行业

□资源与环境

□新能源、新材料行业

□生物医药

□高新技术服务业

□农林及农产品加工业

□其他

4. 贵公司企业性质是?

□国有企业

□民营企业

□股份制企业

□转制院所

□中外合资

□其他

5. 贵公司获行政认定的相关资质是?

□高新技术企业

□创新型企业

□动漫企业

□软件企业

□科技小巨人企业

□无以上任何资质

第二部分　融资状况及融资方式渠道

6. 贵公司自有资金近似比例为?

□20%以下

□20%~40%

□40%~60%

□60%~80%

□80%以上

7. 贵公司中资产负债比为?

□20%以下

□20%~40%

□40%~60%

□60%~80%

□80%以上

8. 贵公司目前的融资需求状况？（若存在，请进一步选择融资额度）［联动题］

贵公司目前是否存在融资需求？期望的额度是多少？

□不存在

□存在

□无融资意向

□200 万元以下

□200 万~500 万元

□500 万~1000 万元

□1000 万~1500 万元

□1500 万~2000 万元

□2000 万元以上

9. 目前，贵公司的意向融资方式是？［多选题］*

□抵押贷款

□知识产权质押贷款

□股权质押贷款

□担保贷款

□创投融资

□上市融资

□公司内部集资

□其他_____

10. 贵公司意向融资期限为？［单选题］

□1~2 年

□3~4 年

□5~10 年

□10 年以上

11. 贵公司融资主要用于？［多选题］

□流动资金

□厂房租赁、建设与固定资产购置

□技术研发及中试

□原材料采购

□拓展市场

□成果转化及产业化

□新技术引进

□其他＿＿＿＿

12. 您希望企业的融资优先来源于哪些渠道？〔排序题〕

□政府资金支持

□商业银行贷款

□知识产权抵押

□风险投资

□发行债券

□其他

13. 贵公司以往经营中获取融资的主要渠道和来源是什么？〔多选题〕

□政府资金支持

□商业银行贷款（含向银行申请担保贷款、资产抵押贷款）

□小额公司贷款

□民间借贷

□知识产权质押融资

□自筹资金

□股权融资

□风险补偿贷款

□风险投资

□企业间的贸易信用（买方提前付款，卖方提供延期支付货款等）

□其他＿＿＿＿

14. 贵公司对融资渠道选择最关注的是什么？〔单选题〕

□融资额度

□融资成本

□融资风险

□融资回报

第三部分 融资政策及环境

15. 您认为从商业银行获得贷款的难易程度如何？［单选题］

□不存在困难

□存在困难

□比较困难

□困难

□非常困难

16. 您认为从银行难以获得贷款的原因包括？［多选题］

□银行对企业财务状况或者经营状况要求过于苛刻

□银行对企业担保条件过于苛刻

□银行对企业信用等级要求高

□银行贷款利率过高

□其他_____

17. 您认为目前融资状况是否较 3～5 年之前有所改善？［单选题］

□有大幅改善，不存在融资困难现象

□有所改善，依然存在融资困难的现象

□几乎没有改善，融资依然很困难

□没有一点改善，融资非常困难

18. 为缓解融资困难，贵公司希望政府和金融部门解决哪些主要问题？［多选题］

□加大政府财政补贴力度

□改善融资环境，拓宽融资渠道

□加强科技型中小企业税收优惠

□推动成立专业化科技型中小企业小额贷款公司

□推动银行完善金融服务，推出专业化产品，简化贷款流程

□构建科技型企业信息平台，推动科技企业信用档案建设

□完善担保机制，拓宽企业评估服务方式

□建立更加公平的科技型中小企业认定和评估机制

19. 关于以下宁夏回族自治区中小企业融资的政策，您了解哪些？［多选题］

□《宁夏中小微企业转贷资金管理暂行办法》

□《宁夏回族自治区人民政府关于降低实体经济企业成本的实施意见》

□《宁夏回族自治区促进中小企业发展条例》

□《宁夏回族自治区科技型中小企业认定管理办法》

□《宁夏科技金融专项资金管理暂行办法》

□《宁夏科技金融创新行动实施方案》

20. 您对目前宁夏回族自治区科技厅关于科技型中小企业认定方案和流程是否满意？［单选题］

□非常满意

□比较满意

□满意

□不满意

□不了解相关政策

21. 为进一步改善我区科技型中小企业的融资状况，您对政府部门有何意见和建议？［开放性问题］